MAILLOL

EIN ANDERER BLICK

A DIFFERENT VIEW

Inhalt
Content

6 Aristide Maillol – ein anderer Blick. Vorwort
10 Aristide Maillol – a Different View. Foreword

Philippe Büttner
12 Chercher la femme – mit Aristide Maillol durch das Kunsthaus Zürich
17 Chercher la femme – a Trip Around the Kunsthaus Zürich With Aristide Maillol

Catherine McCormack
30 Ich schau dir in die Augen, Maillol
40 Here's Looking at You, Maillol

74 Werke
Works

80 Autorinnen
Authors

VENUS MIT HALSKETTE

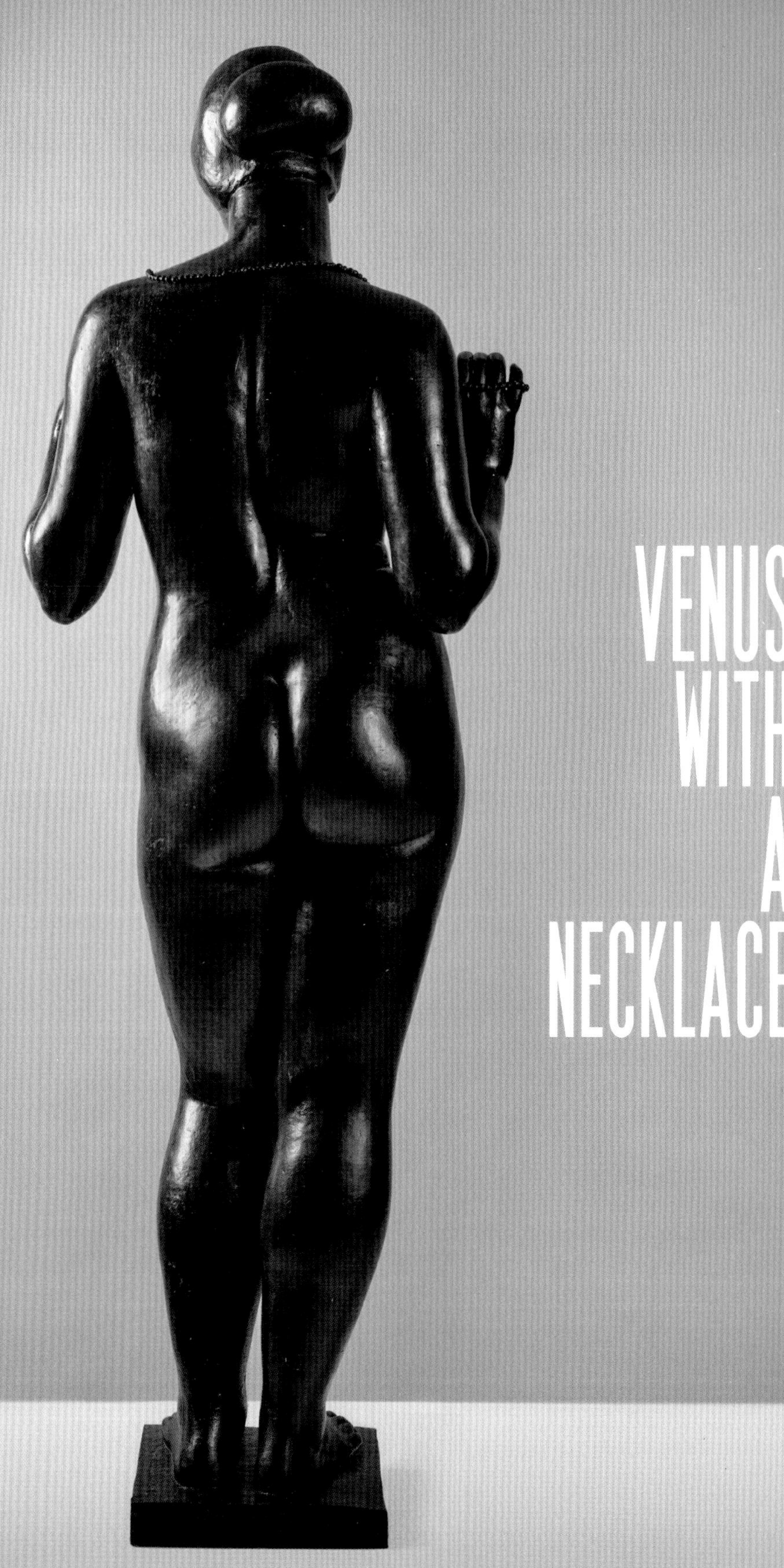

VENUS WITH A NECKLACE

ARISTIDE MAILLOL

1928
BRONZE
175×62×44 CM

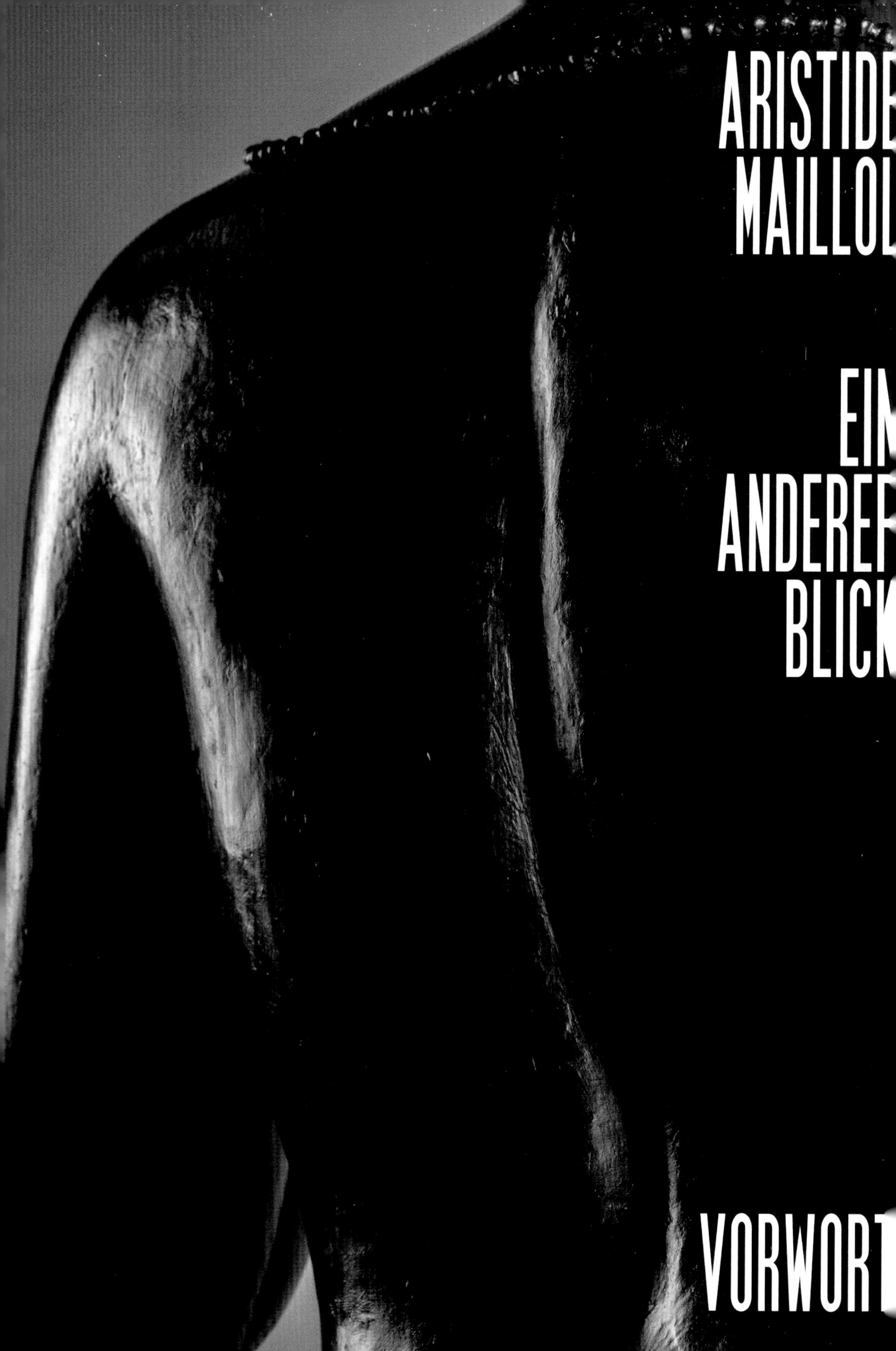

ARISTIDE MAILLOL

EIN ANDERER BLICK

VORWORT

A DIFFERENT VIEW

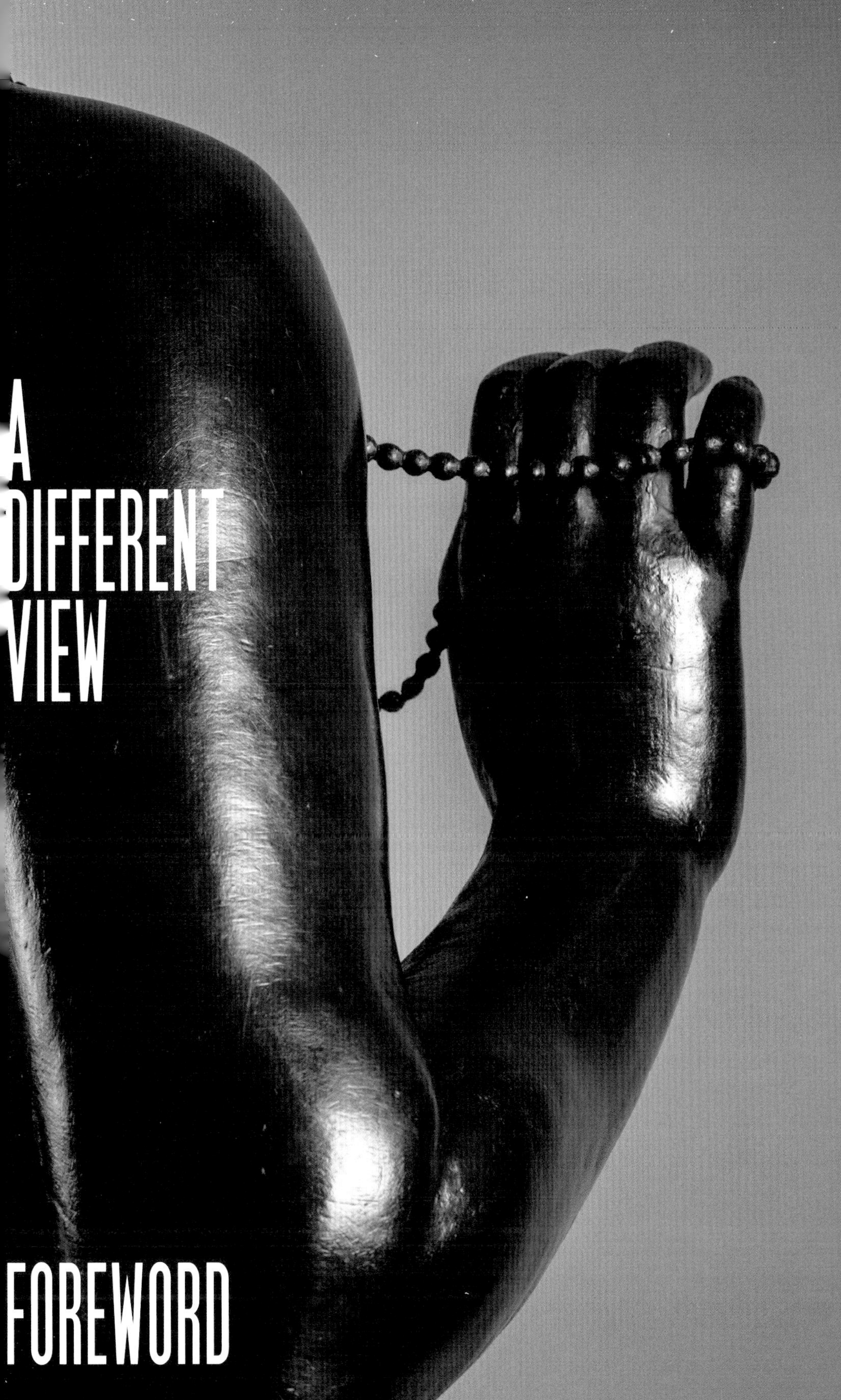

FOREWORD

Die grosse monografische Ausstellung zum Schaffen des französischen Bildhauers Aristide Maillol (1861–1944), des «Cézannes der Skulptur», die wir nun im Kunsthaus Zürich eröffnen dürfen, wurde vom Musée d'Orsay lanciert und in dankenswerter Weise von Ophélie Ferlier-Bouat und Antoinette Le Normand-Romain konzipiert und wissenschaftlich erarbeitet. Sie wird nach der vorangegangenen Präsentation im Musée d'Orsay und derjenigen im Kunsthaus Zürich in La Piscine – Musée d'art et d'industrie André Diligent in Roubaix gezeigt. Eine besonders wichtige Partnerin dieses ambitionierten Projekts war nebst allen anderen Leihgeberinnen und Leihgebern aus Museen und privaten Sammlungen die Fondation Dina Vierny – Musée Maillol, Paris, die einen grossen Teil der Leihgaben zur Verfügung stellte. Das Kunsthaus Zürich dankt allen Leihgeberinnen und Leihgebern herzlich für ihre Grosszügigkeit, darunter nicht zuletzt den privaten Sammlungen und Museen in der Schweiz, einem Land, in dem der Künstler schon früh Anerkennung fand. Auch das Kunsthaus verfügt – dies war ein wichtiges Argument, diese umfassende Präsentation in Zürich zu zeigen – über eine qualitätvolle Sammlung von Werken Maillols.

Die umfangreiche und von den Kuratorinnen mit grosser Kennerschaft konzipierte Ausstellung spiegelt der unter ihrer Leitung entstandene offizielle Ausstellungskatalog, eine profunde wissenschaftliche Publikation in französischer Sprache, die für viele Jahre das Referenzwerk zum Künstler darstellen dürfte. Das Kunsthaus ist darin mit einem Beitrag von Ioana Jimborean zur Rezeption Maillols in der Schweiz vertreten.

Im Kunsthaus entstand als besondere Ergänzung die vorliegende, von Sammlungskonservator Philippe Büttner konzipierte Begleitpublikation, die eine aktuelle Debatte in einen klassischen Kontext einfügt. Ihr Ziel ist es, auf Basis von Werken der Sammlung aus der Zeit von 1800 bis heute – darunter eine Skulptur von Maillol und rund 20 Arbeiten von Künstlerinnen – Maillols Blick des männlichen Künstlers auf sein Hauptmotiv, den weiblichen Akt, zu hinterfragen und in einen aktuellen Kontext zu stellen; also einen anderen Blick gewähren zu lassen. Während die beiden Museen in Paris und Roubaix Häuser für das 19. und – vor allem Roubaix – für das 20. Jahrhundert sind, beherbergt das Kunsthaus eine Sammlung von Kunst des Mittelalters bis heute. Daraus ergibt sich ein anderer Hintergrund für die hiesige Station dieser Ausstellung.

Wir danken der Hauptautorin der vorliegenden Publikation, Catherine McCormack, für ihren starken, lebendigen Text und unserer Hausfotografin Franca Candrian für ihren eindrucksvollen fotografischen Essay. Während die reiche und ausserordentlich nuancierte Ausstellung zu Maillol selbst einen umfassenden Blick auf den Künstler ermöglicht, stellt das vorliegende Buch die Frage, worauf jener männliche Blick auf die Frau, für den Maillol steht, gründet und wie wir ihn heute wahrnehmen, insbesondere wenn wir ihn mit Werken von Künstlerinnen konfrontieren.

Dieses Projekt ist in doppelter Hinsicht eines des Übergangs: Beschlossen und lanciert wurde es, als noch Laurence des Cars, heute Direktorin des Musée du Louvre, das Musée d'Orsay leitete, eröffnet wurde die Ausstellung in Paris dann durch ihren Nachfolger Christophe Leribault. Im Kunsthaus stimmten wir der Übernahme des Projekts bereits vor über zwei Jahren zu, im Moment der Eröffnung steht Ann Demeester dem Haus vor.

Wir freuen uns, das Schaffen Aristide Maillols in Zürich so umfassend wie noch nie zuvor in der Schweiz präsentieren zu können!

Christoph Becker, Direktor
Philippe Büttner, Sammlungskonservator

The large monographic exhibition on the work of French sculptor Aristide Maillol (1861–1944), which we now have the privilege of presenting to the public at the Kunsthaus Zürich, was originally put on by the Musée d'Orsay in Paris, having been admirably researched and conceived by Ophélie Ferlier-Bouat and Antoinette Le Normand-Romain. Following the show at the Musée d'Orsay and this current stop at the Kunsthaus Zürich, the exhibition will travel to La Piscine – Musée d'art et d'industrie André Diligent in Roubaix. Along with all the other lenders of works, from museums to private collections, the Fondation Dina Vierny – Musée Maillol in Paris was a particularly important partner in this ambitious project and provided a significant part of the artworks shown. The Kunsthaus Zürich would like to warmly thank all lenders for their generosity, not least those private collections and museums in Switzerland – one of the first countries to recognise and embrace Maillol's art. The Kunsthaus Zürich likewise has a representative collection of his works in its possession, which was a central argument for bringing this important exhibition to Zurich.

This comprehensive exhibition, curated with such great expertise and care, has found an apt counterpart in a catalogue published in French and based on the thorough research of the two curators that is both lavish and scholarly, and which will surely remain an important reference work on Maillol for many years to come. In this catalogue the Kunsthaus is represented with a contribution by Ioana Jimborean on the reception of Maillol's art in Switzerland.

In addition to the French catalogue, the Kunsthaus is now publishing this unique companion book to the exhibition, conceived and put together by our collection conservator Philippe Büttner, which inserts a current debate into a classical context. Using as a basis selected works from the collection from 1800 until today – including a sculpture by Maillol and twenty works by female artists – the aim of this book is to investigate Maillol's male artist's gaze on his primary motif, the female nude, and situate it in a contemporary context – or, in other words, to subject it to a different view. While the focus of the museums in Paris and Roubaix is mainly on art from the nineteenth and – in the case of Roubaix especially – the twentieth century, the Kunsthaus's collection features works of all periods, from the Middle Ages until today. This provides an entirely different background for the Zurich venue of the exhibition.

We would like to thank author Catherine McCormack, who provided the main contribution for this book, for her powerful and spirited text, as well as our house photographer Franca Candrian for her atmospheric photo essay. While the rich and incredibly nuanced exhibition on Maillol itself already allows for a multi-faceted view of the artist, the present book specifically focuses on how the male gaze on the female body, which is so characteristic of Maillol's work, came about historically and how we perceive it from today's perspective, particularly when put in direct confrontation with works by female artists.

This project is one of transition in more than one way: it had its beginnings when Laurence des Cars, now director of the Musée du Louvre, was still president of the Musée d'Orsay, but was then presented in Paris by her successor Christophe Leribault. We at the Kunsthaus had already decided on collaborating on this project more than two years ago, but now that the exhibition opens, it will be under the direction of Ann Demeester.

We are delighted to be able to present Aristide Maillol's work in Zurich as comprehensively as never before in Switzerland!

Christoph Becker, Director
Philippe Büttner, Collection Conservator

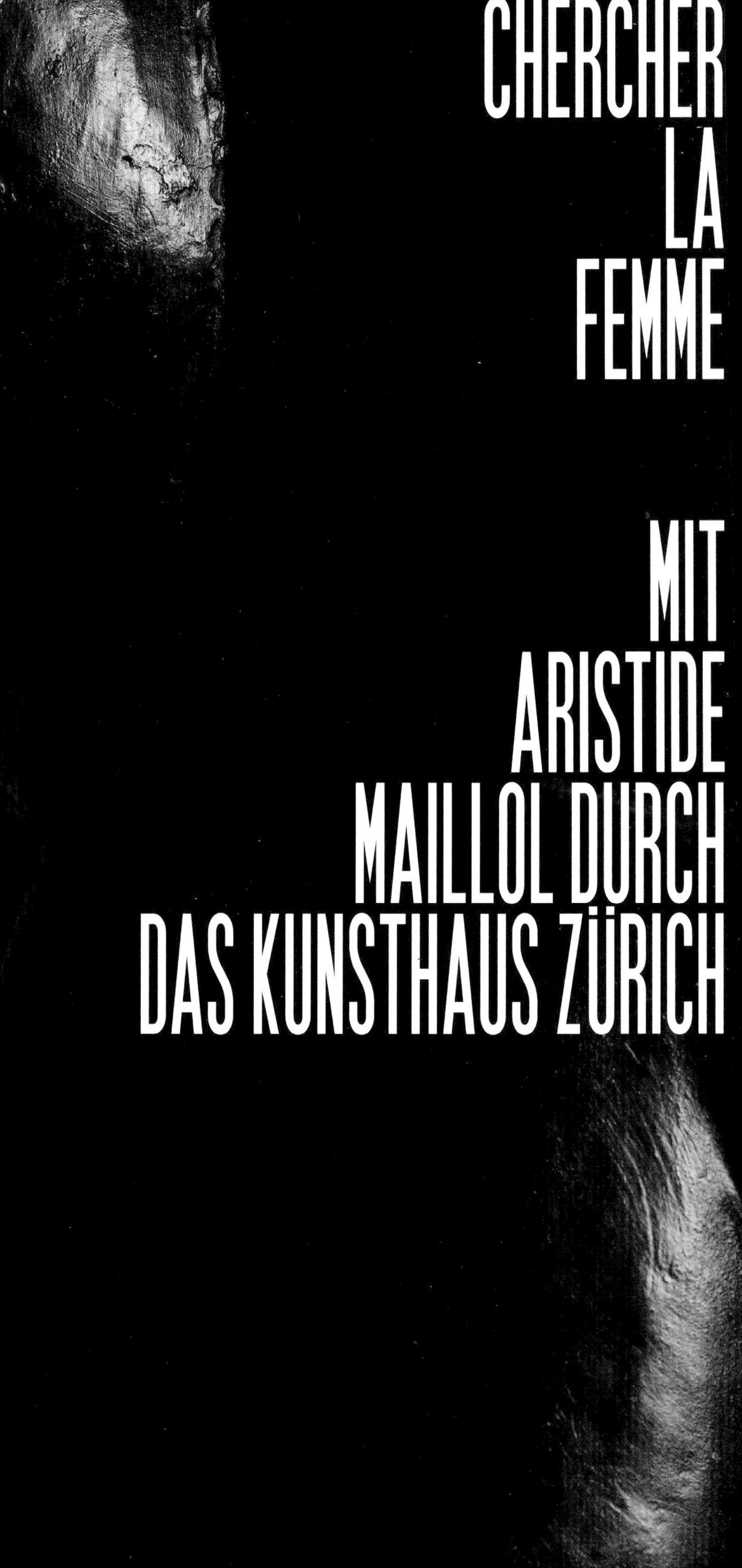
CHERCHER
LA
FEMME
MIT
ARISTIDE
MAILLOL DURCH
DAS KUNSTHAUS ZÜRICH

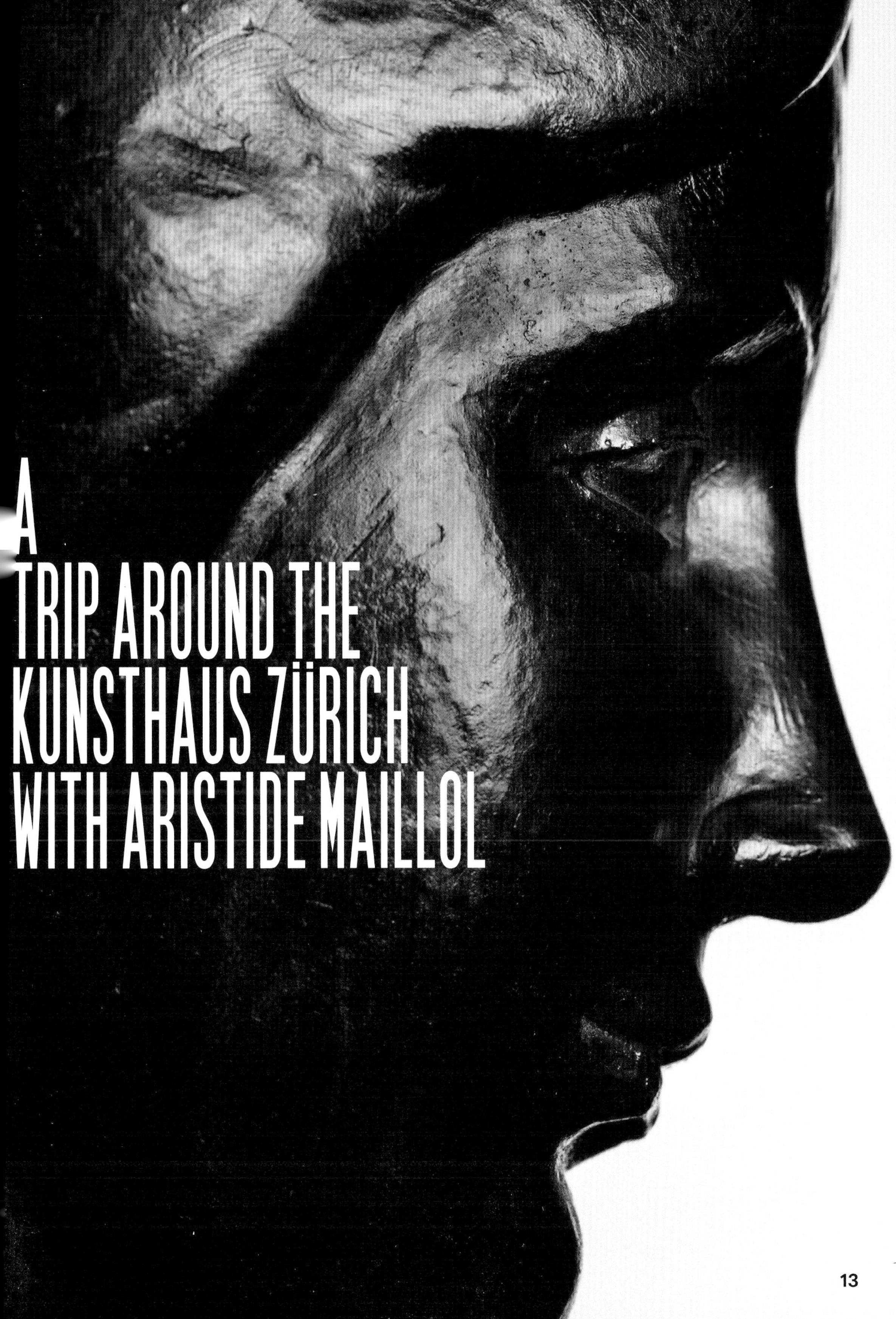

A TRIP AROUND THE KUNSTHAUS ZÜRICH WITH ARISTIDE MAILLOL

Das Kunsthaus Zürich ist unter vielem anderen auch ein Haus der Skulptur. Gerade die massgeblich in Frankreich entwickelte Skulptur der frühen und der Klassischen Moderne ist hier mit bedeutenden Ensembles präsent: Neben Auguste Rodin, Henri Laurens, Henri Matisse, Alberto Giacometti und Germaine Richier ist unbedingt auch Aristide Maillol zu nennen, von dem das Haus eine ausgezeichnete Werkgruppe bewahrt. Diese Grundlage bildete einen von mehreren Anreizen, die im Musée d'Orsay erarbeitete, von Ophélie Ferlier-Bouat und Antoinette Le Normand-Romain so kenntnisreich und umsichtig realisierte Ausstellung (die freilich auch Maillol als Maler, Zeichner und Gestalter von Textilien meisterhaft präsentiert) in Zürich zu zeigen. Zudem ist Maillol gerade in der Schweiz intensiv rezipiert und gesammelt worden, und zwar nicht nur von Museen, etwa dem Kunsthaus Zürich, dem Kunstmuseum Basel und dem Kunst Museum Winterthur, sondern auch von privaten Sammlerinnen und Sammlern, namentlich Oskar Reinhart, der Sammlerfamilie Hahnloser und auch von Emil Bührle.

Neben Rodins unbändiger, emotional genialisch energetisierten Skulptur, mit der dieser Künstler die Gattung für Frankreich und das 19. Jahrhundert überhaupt neu erfand, wirkt Maillol gemässigter und klassischer. Seine Modernität liegt im eindrucksvollen Einfügen seiner Figuren in klare Gesamtformen, die oft, auch wenn man es zuerst nicht sieht, auf einer geometrischen Analyse des Körpers basieren – darin wird er zum «Cézanne der Skulptur», als den man ihn mitunter bezeichnet. Einer Analyse des weiblichen Körpers, muss man gleich präzisieren, denn während Rodin immer wieder auch männliche Figuren oder aber auch Paare und Figurengruppen beider Geschlechter gestaltet hat, blieb Maillol in erster Linie der grosse Bildhauer der weiblichen Figur, meist der nackten – also des Frauenakts. Mit grosser Meisterschaft hat er dieses sein Lebensthema verdichtet und auf das späte Werk hin zu gewaltiger Monumentalität geführt. Virtuos hat er dabei das klassische Körperbild im Bereich der Aktivierung der Massen und der Ponderation ins tektonisch zuweilen schier Unmögliche gelenkt und ihm so neue Bereiche erschlossen. In der Zwischenzeit war Skulptur in Frankreich jedoch etwas ganz Anderes geworden: Künstler wie Jacques Lipchitz oder Henri Laurens hatten in ihren Gestaltungen ganz neue sklupturale Rhythmisierungen in Gang gesetzt, und ab den späten 1920er-Jahren wurde Alberto Giacometti in Paris mit komplett neuen, objektartigen Skulpturen für die Surrealisten und deren psychische Konzepte einflussgebend. Demgegenüber scheinen Maillols späte Werke trotz ihrer spektakulären Qualität auf einmal für eine ältere Stufe der Tradition zu stehen. So konnte es geschehen, dass sich Maillols epochemachendes Werk am Schluss auch im Rahmen einer damals jenseits des Rheins gepflegten Kunstanschauung als schätzbar erwies, die das Konzept der künstlerischen Moderne verachtete und komplett ablehnte. In diesem Zusammenhang hat Maillol durch seine unvorsichtige und Verdacht erregende Reise nach Paris zu einer Ausstellung Arno Brekers im Jahr 1942 sich selbst und der Rezeption seines Werks geschadet.

Maillol hielt also bis zuletzt an einem klassischen Frauenbild fest, von dem sich die Arbeiten von Künstlern wie Henri Matisse und Alberto Giacometti fundamental entfernt hatten. Vor diesem Hintergrund entstand die Idee, die Zürcher Station der Ausstellung des Musée d'Orsay um eine Publikation zu ergänzen, in der ein Sammlungswerk Maillols sozusagen auf eine Reise durch die Sammlungsräume des Kunsthauses geschickt wird und dort lauter Werken von Künstlerinnen begegnet: figuralen und abstrakten Werken, klassizistischen, modernen und zeitgenössischen. Dies, um neben das typische Konzept von Maillols Darstellung der Frau die künstlerische Arbeit von Frauen zu setzen und auf diese Weise sein Werk aus heutiger Warte zu befragen.

Zusammen mit Franca Candrian, der Fotografin des Kunsthaus Zürich, und mithilfe von Art Handling und Restaurierungsabteilung (Johannes Schiel, Patrick Decker) wurde eine Methode entwickelt, die es möglich machte, eine lebensgrosse Skulptur Maillols – *Venus mit Halskette* – im Haus zu bewegen und sie an diversen Orten direkt neben Werken von Künstlerinnen zu platzieren und zu fotografieren. Ich danke Franca Candrian für die von ihr entwickelte visuelle Sprache, die etwas Neues zu gestalten erst erlaubt hat. Was das Textliche anbelangt, trug die junge Londoner Kunsthistorikerin Catherine McCormack einen spannenden Essay aus feministischer Sicht zum Thema der Darstellung der weiblichen Figur durch den männlichen Künstler Maillol bei. Der Text verblüfft insofern, als er neue Türen zu öffnen vermag, ohne die bestehende Betrachtung grundsätzlich abzuwerten. So wird ein faszinierender anderer Blick ermöglicht, der zur aktuellen Diskussion beitragen möge.

Bonjour Mesdames, bonjour Monsieur Maillol !

The Kunsthaus Zürich is, among many other things, also a house of sculpture. Sculptural art from early and classical modernism, in particular, is represented here by various important ensembles: aside from prominent artworks by August Rodin, Henri Laurens, Henri Matisse, Alberto Giacometti and Germaine Richier, those by Aristide Maillol should not go unmentioned. The Kunsthaus is home to one of his magnificent groups of works. This was only one of several reasons to bring this exhibition (which also shows him as a painter, draughtsman and designer of textiles), developed at the Musée d'Orsay and expertly and carefully curated by Ophélie Ferlier-Bouat and Antoinette Le Normand-Romain, to Zurich. Moreover, Switzerland has always shown particular enthusiasm in the reception and collection of Maillol's work, not only by museums such as the Kunsthaus Zürich, the Kunstmuseum Basel, and the Kunst Museum Winterthur, but by private collectors as well, among them Oskar Reinhart, the collector family Hahnloser, as well as Emil Bührle.

Compared with Rodin's unrestrained, emotionally brilliantly energised sculpture, which would come to redefine the entire genre for France and the nineteenth century in general, Maillol's work seems more subdued, more classical. His modernism lies in the ingenious way he is able to imbue his figures with clear forms, which is often – albeit hardly noticeable at first glance – the result of a thorough geometrical analysis of the body. This is why some call him the 'Cézanne of sculpture'. This analysis, however, pertains to the female body, in particular. Different from Rodin, who also sculpted male figures as well as pairs or even entire mixed groups, Maillol would primarily remain the great sculptor of the female – and most often nude – figure until the end of his days. It was with great mastery that he solidified this motif over the course of his life, which in his later works culminated in a monumentality of epic proportions. With great virtuosity, he manoeuvred the classical image of the female body along an activation of the masses in a way that occasionally tips the scale toward the realm of the tectonically impossible, thus guiding it into entirely new realms.

In the meantime, however, sculpture in France had become something altogether different. Artists such as Jacques Lipchitz or Henri Laurens had introduced entirely new sculptural rhythms into their works, while in Paris, from the late 1920s onwards, Alberto Giacometti's novel object-like sculptures became a major influence for the surrealists and their concepts of the psychological. In contrast, Maillol's late works, despite their spectacular quality, seem to represent an older and bypassed period of tradition. And thus, Maillol's epoch-making oeuvre would ultimately prove valuable to art observers on the far side of the Rhine at the time, who absolutely despised and rejected the concept of artistic modernity. It is in this context that Maillol's suspicious and unseemly trip to Paris to visit an exhibition by Arno Brekers in 1942 would harm not only his own reputation but also the reception of his work in the years to come.

Maillol stuck to the classical image of the female figure throughout his entire career, even long after artists such as Henri Matisse and Alberto Giacometti had fundamentally distanced themselves from it. Against this background, the idea was born to have a publication accompany the Zurich exhibition in which one of Maillol's works from the collection travels through the Kunsthaus spaces to 'meet' with various works by female artists – figural and abstract, classicist as well as modern and contemporary ones. This with the intention to confront Maillol's specific idea of the female figure with artistic works by women, and thus interrogate it from a contemporary perspective.

In collaboration with Franca Candrian, the Kunsthaus Zürich's photographer, as well as with help from Art Handling and the Restoration Department (Johannes Schiel, Patrick Decker), we came up with a method that would enable us to move a life-size sculpture – Maillol's *Venus with a Necklace* – around the entire Kunsthaus, to position and photograph it next to works by female artists. I would like to thank Franca Candrian for the visual language she developed specially to facilitate this entirely new way of viewing and interpreting art. Art historian Catherine McCormack contributed a fascinating essay that discusses the feminist perspective on the portrayal of the female figure by the male artist Maillol. Its ability to open new doors without devaluing the established perspective is astonishing, and allows for a fascinating different view to be added to the discourse.

Bonjour Mesdames, bonjour Monsieur Maillol !

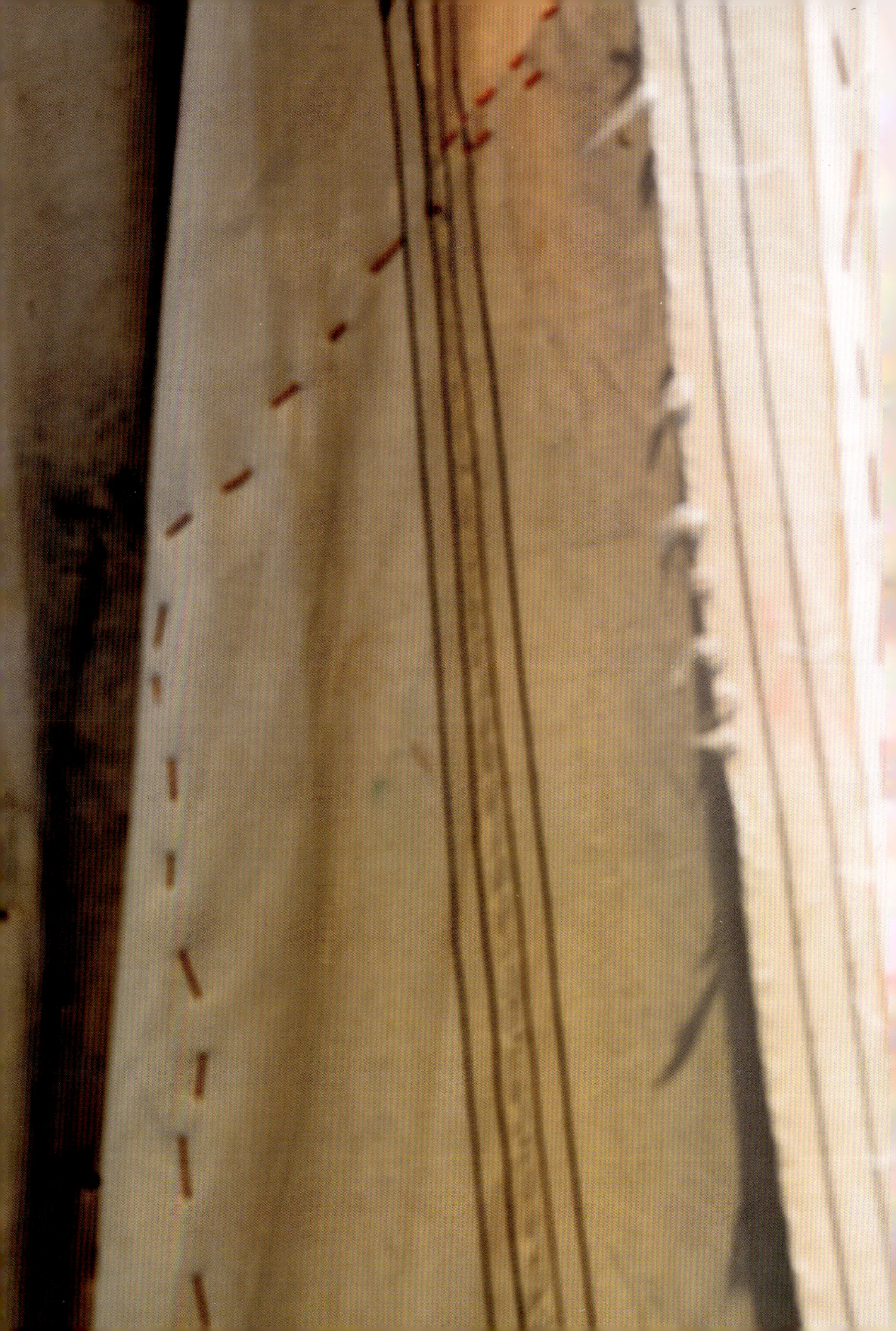

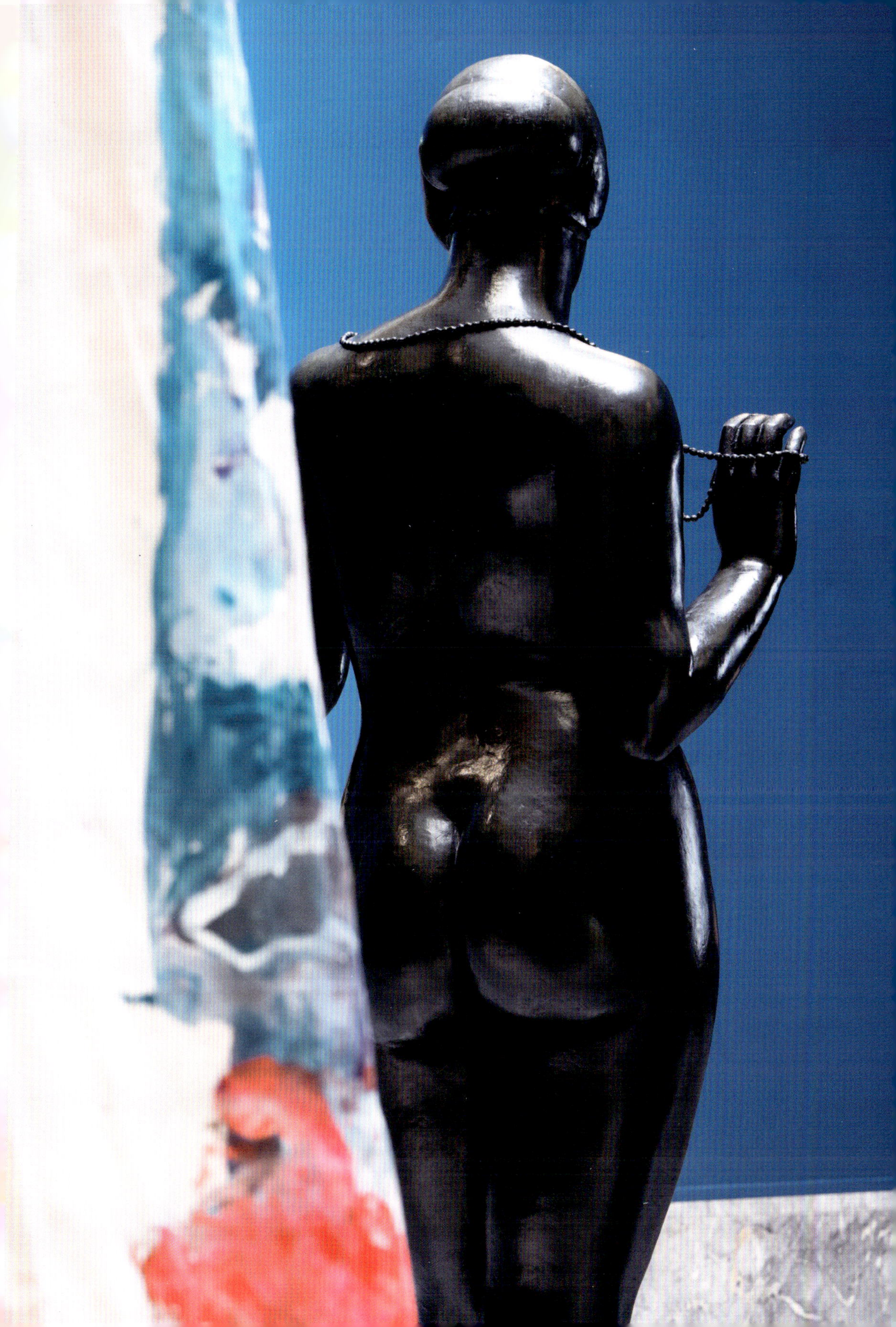

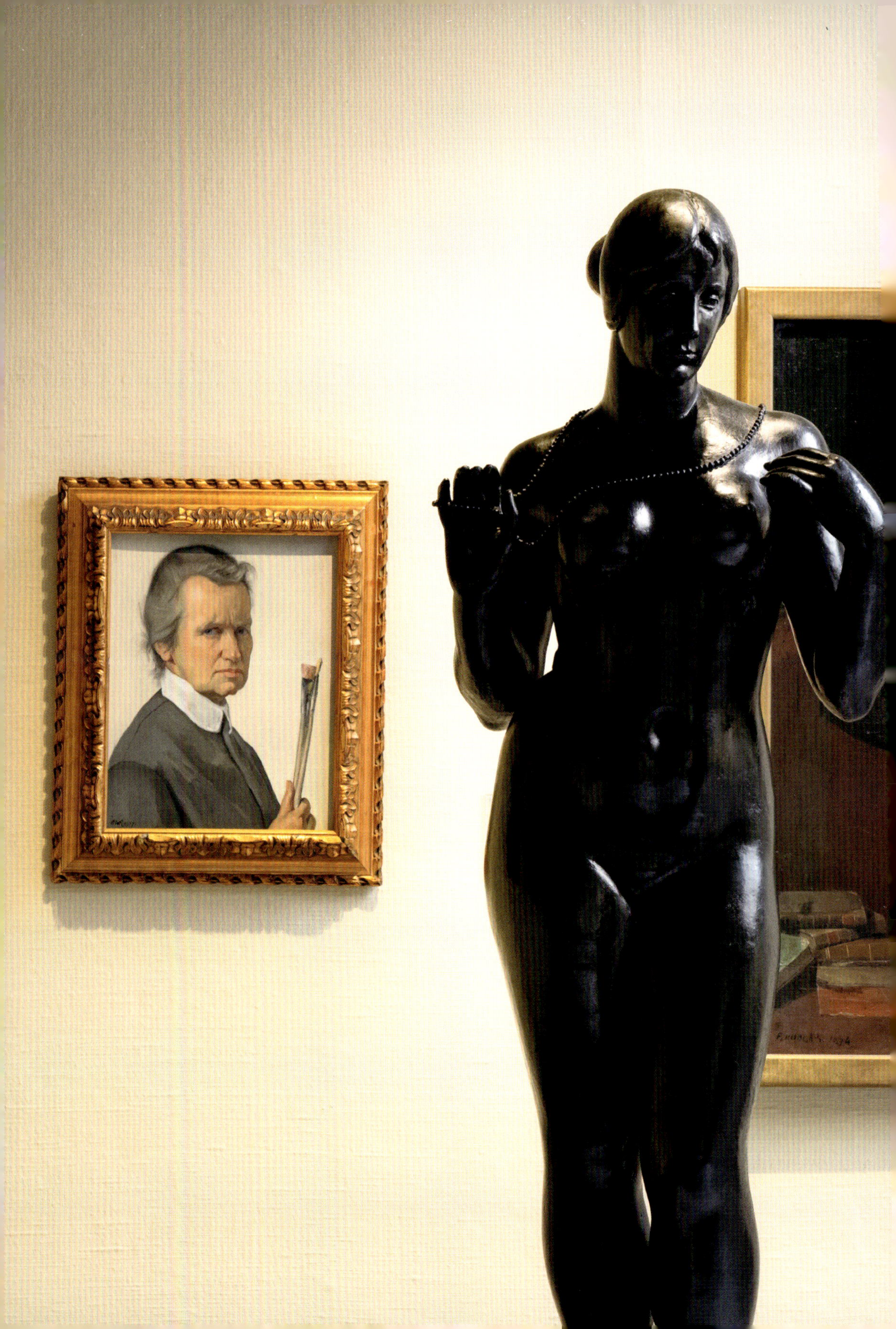

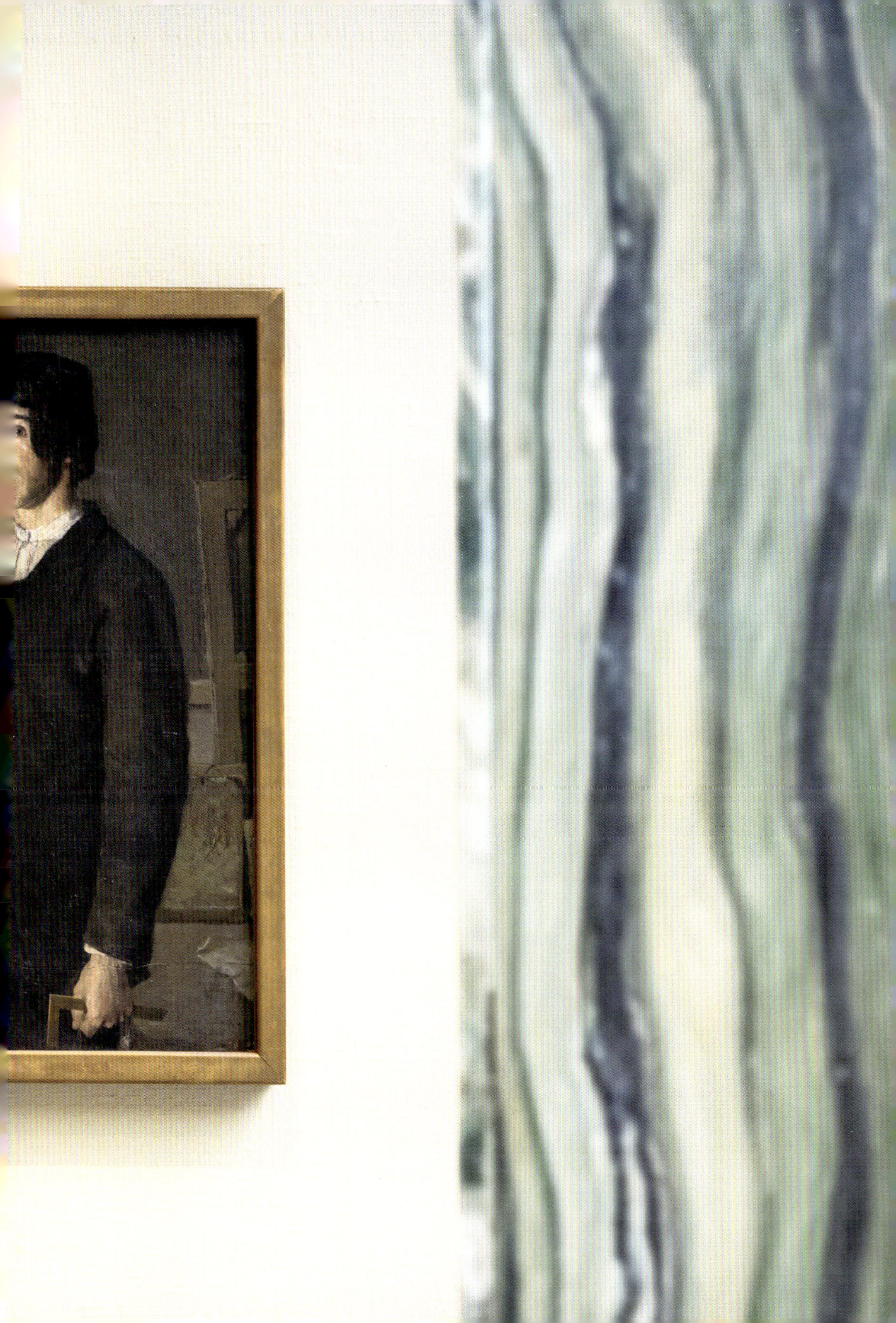

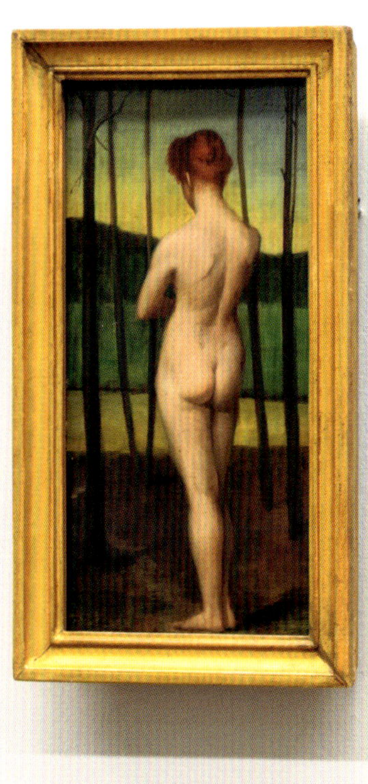

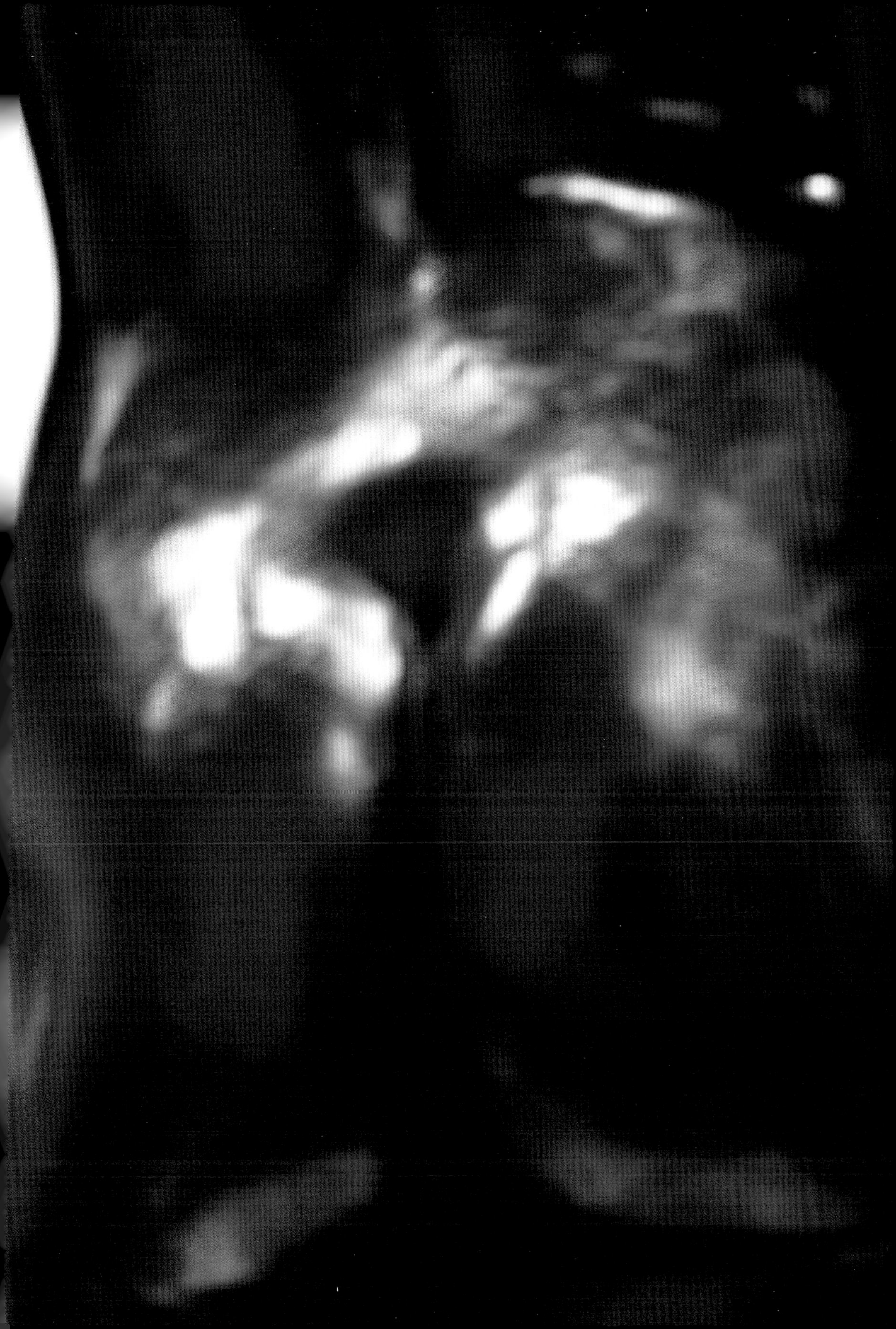

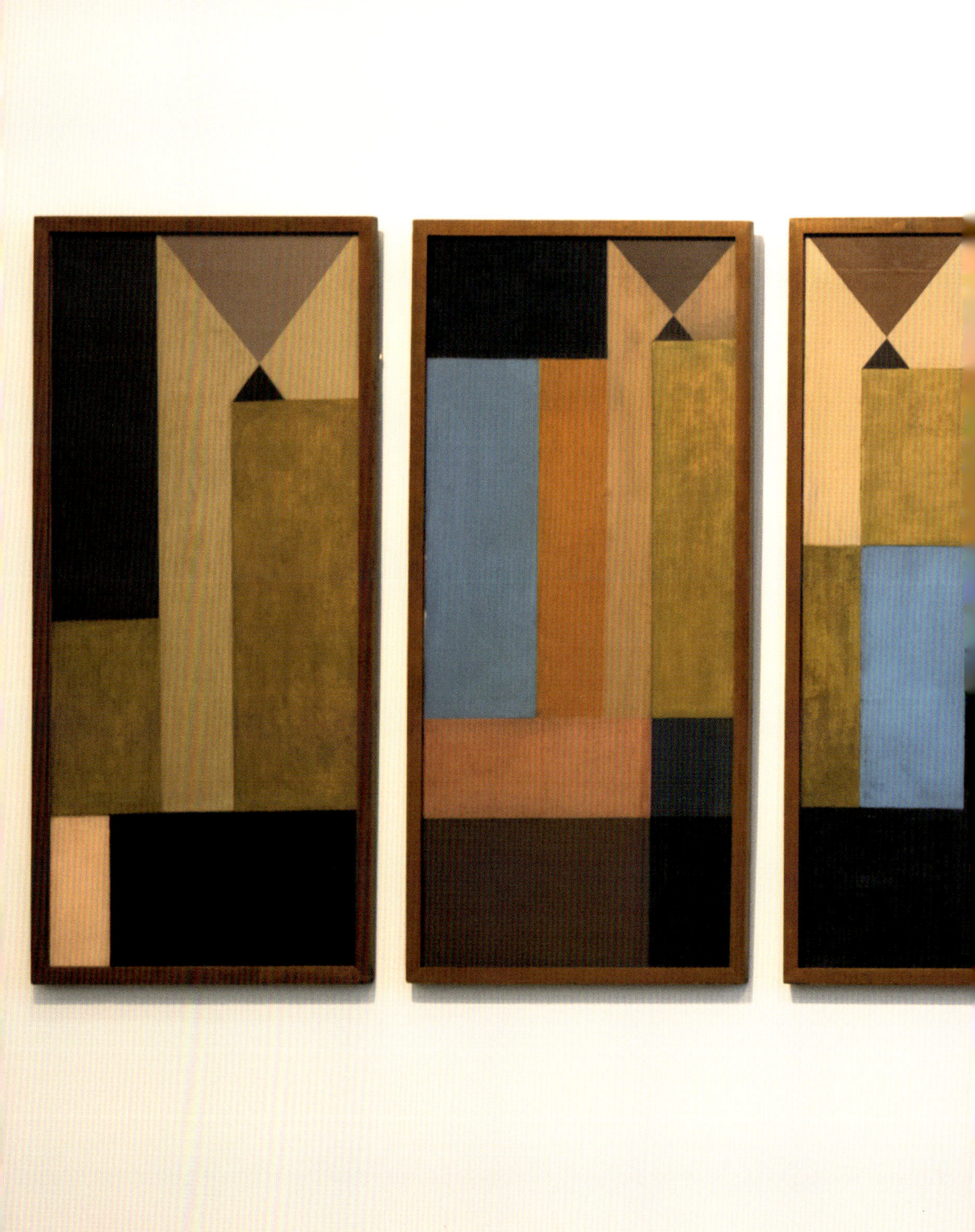

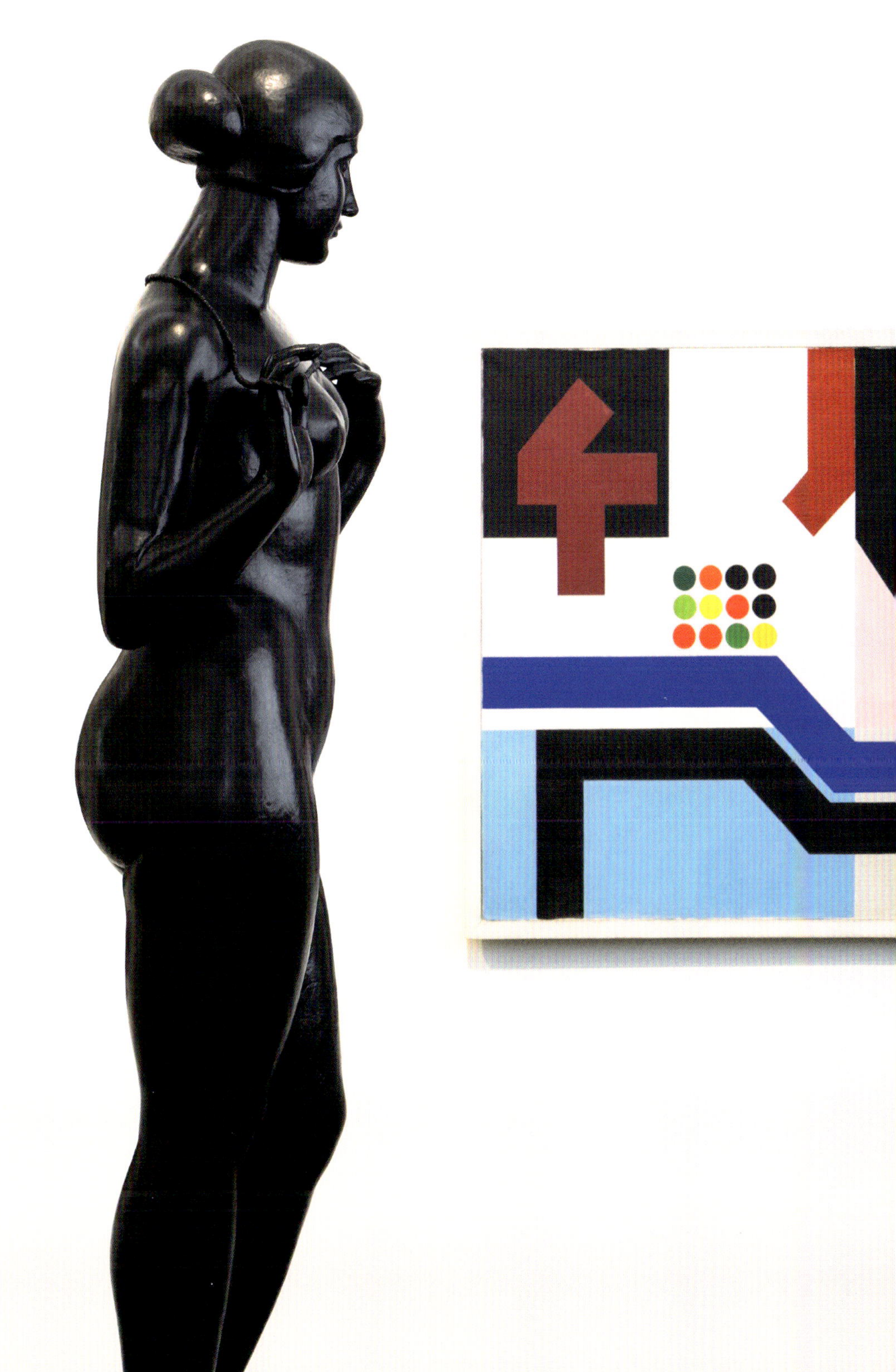

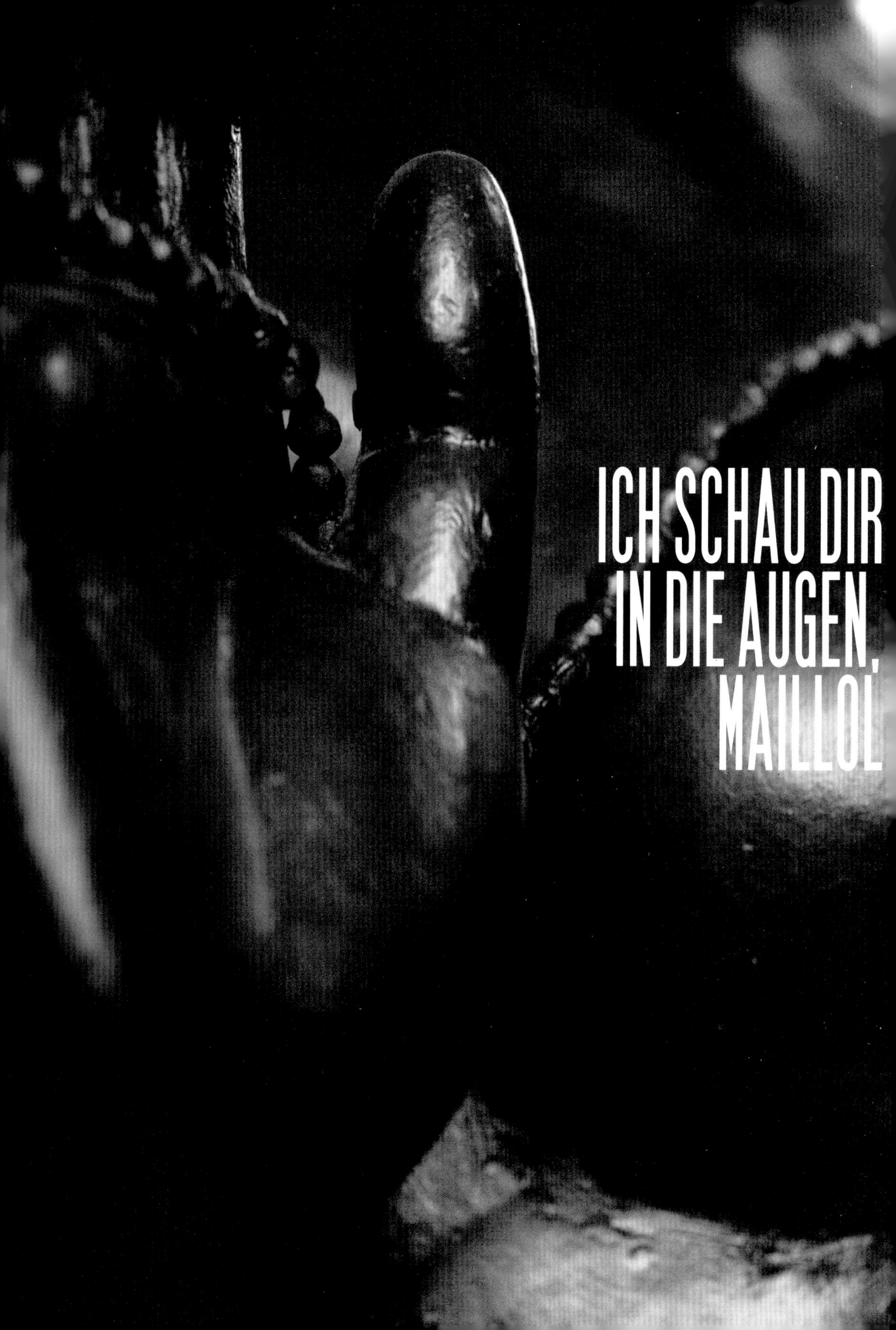

ICH SCHAU DIR IN DIE AUGEN, MAILLOL

HERE'S LOOKING AT YOU, MAILLOL

CATHERINE MCCORMACK

Es war einmal alles so einfach. Jahrhundertelang stand der Akt allgegenwärtig auf den Sockeln der Museen dieser Welt, zierte ihre Wände als Zeichen hoher, westlicher Kultur – ein Anblick derart vertraut, dass er oft synonym für die Kunst selbst war. Ob als schläfrig auf ihrer Liege drapierte Odaliske oder aufrecht stehende, triumphierende Nackte, wurde der weibliche Körper oftmals als Venus kodiert, jene Göttin aus dem westlichen Mythos, auf die männliche Künstler und ihre ebenfalls grösstenteils männliche Betrachterschaft ihre Vorstellungen über weibliche Sexualität, Fruchtbarkeit und Schönheit projizierten.

Seit den frühen 1970er-Jahren haben feministische Künstler*innen und Kunsthistoriker*innen neue Sichtweisen auf die Politik des künstlerischen Schaffens eröffnet: darauf, wer wen anzuschauen hat, wer wessen Abbild formen darf und welche Macht die Diskurse haben, die in diesem Austausch mitspielen. Der im letzten Jahrzehnt auf der ganzen Welt neu erstarkte Feminismus und die «#MeToo»-Bewegung haben ein Übriges getan. Der weibliche Akt wird nie mehr das unkomplizierte Symbol idealer Weiblichkeit sein, das er einmal war. Der nackte Frauenkörper in Malerei und Bildhauerei ist nicht mehr eine feste Kategorie, mit der universelle Ideen und Normen sowie konventionelle kunsthistorische Narrative über stilistische Innovation, künstlerische Errungenschaft und ästhetisches Vermächtnis verbreitet werden können. Begriffe wie der «männliche Blick» (*male gaze*) haben in den Wortschatz einer breiten Museumskundschaft Eingang gefunden und wurden zu Euphemismen einer bestimmten privilegierten Frauenfeindlichkeit, die grössere gesellschaftliche Ungleichheiten widerspiegelt.

Aristide Maillols *Venus mit Halskette,* fertiggestellt im Jahr 1928, passt hervorragend in die westliche Tradition des passiven weiblichen Akts. Für die kurvige Bronzestatue mit ihren stattlichen Hüften und Oberschenkeln, die sowohl körperliche Arbeit als auch eine Eignung zur Fortpflanzung suggerieren, stand angeblich eine spanische Magd Modell, die einen Sommer lang im Maillol'schen Haushalt tätig war. Genauer betrachtet, schlüpft sie spielend in mythologische oder historische Verkleidungen: die lange Perlenkette, die sich geschmeidig um ihre Schultern schlängelt und dabei den Busen gerade noch berührt, gemahnt an exotistische westliche Darstellungen der selbstmörderischen afrikanischen Königin Kleopatra mit der Viper an der Brust oder an die sensationslüstern voyeuristischen «anatomischen» Venusfiguren des italienischen Bildhauers Clemente Susini aus dem 18. Jahrhundert.

Maillol sah die ganze Welt in den robusten Frauenkörpern, die er schuf, und verwandelte seine Modelle in üppige Chiffren für abstrakte Vorstellungen und ästhetische Empfindungen wie *Sommer, Jugend, Nacht* oder in Symbole für Territorien, Orte und Nationalitäten wie *Das Mittelmeer* oder *Île-de-France*. Dabei ging er beladen mit den Konventionen und Sensibilitäten des 19. Jahrhunderts an seine Akte heran, den Frauenkörper mit der Natur gleichsetzend. Er schuf fruchtbare weibliche Formen als Berge, Flüsse und Luft spiegelte dabei die Vorstellungen seiner Zeit wider, die die Frau als animalische «Natur» der rationalen «Kultur» des Mannes gegenüberstellte.[1]

In der Bandbreite dessen, was der idealisierte weibliche Akt darzustellen vermochte, waren dem Künstler keine Grenzen gesetzt, der sich sogar für seine Denkmäler für verstorbene Männer davon inspirieren liess. Sei es für die ruhmreichen Toten der ostpyrenäischen Stadt Port-Vendres oder die Toten der Kultur wie Cézanne oder Debussy, sie alle behielt Maillol mit einem weiblichen Einzelakt mit kecken Apfelbrüsten für die Nachwelt in Erinnerung. Als der französische Ministerpräsident Georges Clemenceau den Künstler mit einer Skulptur zum Gedenken an den politischen Aktivisten Louis-Auguste Blanqui beauftragte, gab dieser angeblich zur Antwort: «Ich mache Ihnen einen schönen grossen Frauenarsch und nenne ihn *Die Freiheit in Ketten*.»[2]

Mag sein, dass Maillol mehr als alle anderen Bildhauer seiner Zeit Virginia Woolf recht gab, die 1929 schrieb: «Frauen haben in all diesen Jahrhunderten als Spiegel gedient, ausgestattet mit der magischen und köstlichen Kraft, die Gestalt des Mannes doppelt so gross wiederzugeben.»[3] *Einen* Mann reflektieren diese drallen Venusfiguren dabei ganz besonders. Es ist kein anderer als der Künstler selbst, der, durch Pinsel, Feder oder Meissel mit der Macht der Schöpfung ausgestattet, aus dem Rohmaterial des weiblichen Körpers hohe Kunst zu schaffen vermag.

Trotz einer weitverzweigten Symbolik und einer Fülle von Themen, die den Frauenakt in der Kunstgeschichte umgeben, steht dieser Bildtypus auch immer für einen Mangel – nicht nur im Freud'schen Sinn als Vehikel für die Kastrationsangst –, weil der weibliche Akt als lebhafte Erinnerung dafür dient, dass Frauen bis ganz zum Ende des 19. Jahrhunderts in den meisten europäischen Ländern nicht zum Studium des männlichen Aktmodells zugelassen wurden. Wie Linda Nochlin in ihrem Essay «Why Have There Been No Great Women Artists?» von 1971 aufzeigt, war es (sozial tiefer gestellten) Frauen erlaubt, sich als Objekt nackt einer Gruppe von Männern zu präsentieren; aber verboten, aktiv einen nackten Mann als Objekt zu studieren oder sogar eine andere Frau.[4] Der Aktunterricht galt als wichtiger Aspekt der künstlerischen Ausbildung und der nackte Körper als nötiger Bestandteil von sämtlichen Kunstwerken, die etwas auf sich hielten, vor allem von Historiengemälden, die religiöse, mythologische oder politische Themen darstellten. Der verwehrte Zugang zum Aktstudium für angehende Künstlerinnen bedeutete, dass ihnen jede Möglichkeit genommen wurde, Kunst von ernsthaftem Belang zu schaffen. Hinzu kam das Problem des institutionellen Ausschlusses: Erst 1897 liess die École des Beaux-Arts in Paris die ersten Studentinnen zu (damals war Maillol schon Mitte dreissig) und wenige Jahre zuvor, 1894, war die Autodidaktin Suzanne Valadon die erste Frau, die in die französische Société Nationale des Beaux-Arts aufgenommen wurde. (Man könnte ausserdem darüber nachsinnen, dass in dem 400-jährigen Bestehen der École mit Alexia Fabre erst im Jahr 2022 zum allerersten Mal eine Frau als Direktorin an die Spitze gewählt wurde.)

Nochlins Analyse erinnert uns auch an die Kategorie der sozialen Klasse, die ebenfalls beim Frauenakt mitspielt – ein Thema, das die britische Dichterin Carol Ann Duffy in ihrem Gedicht *Standing Female Nude* von 1984 aufgreift. Duffy gibt dem traditionell stummen Aktmodell eine Stimme und lässt sie erzählen vom erbärmlichen Entgelt weniger Francs für ihr Posieren, «belly nipple arse in the window light» (frei übersetzt: «Bauch Nippel Arsch im Schaufenster»). Sie spricht von der Verwandlung, die ihr Körper von einer lebenden, beweglichen Präsenz in eine analytische Darstellung durchläuft, davon, wie das Bürgertum das Bild einer gewöhnlichen Nutte bestaunen wird («the bourgeoisie will coo at such an image of a river-whore»). Duffy weist auf die Wirtschaft des Schaffens und Betrachtens einer Kunst hin, die angewiesen war auf die Verfügbarkeit von Frauen der tieferen sozioökonomischen Schichten, deren Körper für das intellektuelle und kulturelle Gehabe einer bürgerlichen Elite fungierten, während die Frauen selbst von den jeweiligen Orten und ihrer Signifikanz ausgeschlossen waren.

Jeder weibliche Akt in der westlichen Kunst vor Ende des 19. Jahrhunderts kann so zugleich als umgekehrtes Porträt des Mannes verstanden werden, der das Werk schuf, und als Porträt der abwesenden Frau, der der Zugang zum Anatomieunterricht verwehrt blieb, scheinbar zu ihrem eigenen Schutz und dem der Gesellschaft als Ganzer. Es ist bittere Ironie, dass der weibliche Körper nicht sprechen konnte, wo er doch als blanke Leinwand für eine ganze Zahl von männlich definierten Bedeutungen einstand. Die Filmtheoretikerin Laura Mulvey identifizierte es als die Aufgabe der Frau in der westlichen Kulturgeschichte, Bedeutung zu tragen und nicht zu schaffen.[5] Maillol selbst gab die Objektifizierung von Frauen zu stummen kulturellen Gegenständen offen zu, als er spottete: «Wenn ich ein Mädchen vorbeigehen sehe, ziehe ich sie mit meinen Augen aus und sehe Marmor unter ihrem Rock»; und sogar über seine eigene Ehefrau sagte er: «Ich hebe die Röcke meiner Frau und sehe einen Block Marmor».[6]

Während Maillols monumentale *Venus mit Halskette* einst einen gesicherten Platz im gross angelegten kunsthistorischen Evolutionsnarrativ garantierte, stimmt ihr Entstehungsdatum von 1928 auch mit dem aufkommenden Zugang von Frauen zur künstlerischen beruflichen Laufbahn überein und mit der Legitimation selbstbestimmten weiblichen Ausdrucks als Folge der sogenannten ersten Welle des Feminismus. Die Auseinandersetzung von Künstlerinnen mit dem Thema des weiblichen Akts verkompliziert diesen als ein von Männern definiertes kunsthistorisches Thema. So kritisierten einige Frauen mit ihren Werken die altersgraue Tradition, andere instrumentalisierten den nackten weiblichen Körper ihrerseits, indem sie ihn für ihre eigenen Aussagen und künstlerischen Zwecke zurückforderten, wieder andere verzichteten ganz auf den Körper als Darstellungsmittel. Alle zusammen, wie die Konversation mit Arbeiten von Künstlerinnen der Sammlung des Kunsthauses zeigt, kippen sie Maillols *Venus* vom hohen Sockel des männlich definierten Kanons der Kunstgeschichte, degradieren sie zur Aussenseiterin, zur *étrangère,* bringen ihre allgemeingültige Bedeutung ins Wanken, kompromittieren ihre Autorität.

Das Œuvre der Schweizer Künstlerin Angelika Kauffmann aus dem 18. Jahrhundert setzt eine Reihe von prototypischen feministischen Themen über die Darstellung des weiblichen Akts und die Identität und Subjektivität der Frau als Künstlerin in Bewegung. Erst in den 1960er-Jahren begannen sich feministische Kunsthistorikerinnen diesen Fragen zu widmen. Kauffmann war eine von wenigen Frauen in der Kunstgeschichte, die das Privileg einer «Historienmalerin» genossen; jedoch war dieser Titel für eine Künstlerin bereits undenkbar, als Maillol 1885 an der École des Beaux-Arts in Paris studierte. Frauen durften sich zu diesem Zeitpunkt nicht einschreiben und, falls sie malten, wurde von ihnen erwartet, sich als Dilettantinnen mit Blumenbildern und Porträts zufriedenzugeben, in der Hierarchie der Genres ganz unten eingestuft. Während der 15 Jahre, die Kauffmann in London verbrachte, war sie 1768 eine von nur zwei Frauen unter den Gründungsmitgliedern der englischen Royal Academy of Arts, und dies obwohl Frauen institutionell von der professionellen Kunstausbildung ausgeschlossen waren. Ihre Positionierung in Johann Zoffanys Gruppenporträt der Gründungsmitglieder ist ein mittlerweile berühmtes Zeugnis der gesellschaftlichen Furcht vor malenden Frauen im England des 18. Jahrhunderts. Zusammen mit der einzigen weiteren Frau im Bund, Mary Moser, ist Kauffmann nur symbolisch anwesend, in Form eines gemalten Porträts an der Wand – eine Darstellung ihrer körperlichen Präsenz in einem Raum, in dem der nackte männliche Körper studiert wurde, wäre undenkbar gewesen.

Während Künstlerinnen nur als Bildnisse erscheinen konnten und nicht als Berufsleute, schloss das soziale Tabu ihrer Darstellung keineswegs eine Rolle als Geliebte illustrer männlicher Kollegen oder als erotisch unterhaltendes Element mit ein. 1775 machte Kauffmann auf diese Ungerechtigkeit aufmerksam, als sie erfolgreich die Ausstellung eines Gemäldes von Nathaniel Hone in der Royal Academy mit dem Argument verhinderte, dass es sie als professionelle Künstlerin beleidigte. In *Der Zauberer* (1775) stellte Hone Kauffmann als kleines Kind verkleidet dar, das vor einem viel älteren Künstler kauert (einer Karikatur des Akademiepräsidenten Joshua Reynolds), vor einem Hintergrund von nackten Frauen, die in schwarzen Strümpfen herumtollen, mit Paletten und Pinseln fuchtelnd. Das Gemälde scheint zu suggerieren, dass Künstlerinnen nur auf zwei Arten verstanden werden können, entweder als jüngere Geliebte oder als erotisiertes Spektakel zum sexuellen Vergnügen – entweder wurden sie infantilisiert oder sexuell verunglimpft.

Kauffmanns Interpretation der Sage von *Amor und Psyche* in der Sammlung des Kunsthauses ist auf den ersten Blick eine elegante und zurückhaltende Darstellung zarter Intimität zwischen Venus' Sohn und seiner sterblichen jungen Geliebten. Man könnte das Bild im Vergleich mit der bombastischen Körperlichkeit von Maillols *Venus* sogar als frigide bezeichnen. Indessen haben wir eine in gewisser Hinsicht radikale Neuinterpretation des beliebten und oft dargestellten Mythos vor uns. In den *Metamorphosen* des Apuleius ist Psyche dank ihrer Schönheit eine Rivalin der Venus, was jene dazu motivierte, ihren Sohn auf das sterbliche Mädchen anzusetzen, auf dass er sie mit seinem Pfeil treffe und sie sich in einen grässlichen Mann verlieben möge. Amor jedoch pfuschte auf seiner Mission, kratzte sich selbst mit seinem Geschoss, verliebte sich in Psyche und sie sich in ihn. Er sperrte sie daraufhin in ein Zimmer in seinem Palast, wo er sie jede Nacht besuchte und Sex mit ihr hatte, ohne dass sie wusste, wer er war.

Im Gegensatz zu den meisten Darstellungen des Mythos, in denen die sexuelle Dynamik der Erzählung im Zentrum steht, die Nacktheit der jungen Liebenden, ihre erotische Spannung, die Qual von Psyches Bedrängnis, malt Kauffmann eine zarte, mitfühlende Wiedervereinigung der beiden nach Psyches Rückkehr von ihrer heroischen Reise in die Unterwelt, wo keine Sterbliche vor ihr je war. Kauffmann widersteht der üblichen Einladung des Sujets, sich an Psyches nacktem Körper zu weiden, malt sie bekleidet und richtet damit den Fokus nicht auf die Geschichte einer jungen Frau, deren Leben von ihrer sexuellen Beziehung mit einem unsterblichen Mann definiert wird, sondern lenkt die Aufmerksamkeit auf die gegenseitige Sympathie zweier Liebender.

Während Malerinnen wie Kauffmann sensationslüsterne und anzügliche Darstellungen nackter Frauenkörper umgingen, beschäftigten sich zu einem späteren Zeitpunkt Künstlerinnen wie Ottilie Wilhelmine Roederstein mit dem Frauenakt, um sich sowohl des Studiums des Körpers, das ihnen lange verwehrt geblieben war, als auch der Darstellung des idealisierten Frauenkörpers, wie er von anderen für sie definiert wurde, zu bemächtigen. In *Frauenakt vor Landschaft* (1897) malte Roederstein einen stehenden Akt. Mit verschränkten Armen und von hinten betrachtet, ist die fleischliche Fülle der Frau vielmehr ehrlich und naturalistisch als erotisch und wollüstig. Unverhüllt und bloss wie die blätterlosen Bäume um sie herum verströmt die Figur eine selbstbewusste Authentizität frei von Zierrat oder Schauspiel für das erwartungsvolle Betrachterauge. Roederstein war als Frauenrechtlerin aktiv und wirkte bei der Gründung der ersten Mädchenschule in Frankfurt am Main mit, wo sie mit ihrer Partnerin Elisabeth Winterhalter lebte, ihres Zeichens ebenfalls feministische Pionierin als erste Chirurgin Deutschlands. Im Gegensatz zu Maillols essenzialistischer Projektion der Natur als Frau betrachtet Roedersteins nackte Frau selbst die natürliche Landschaft vor sich, sieht, wie die Morgenröte über den Horizont steigt: ein Hinweis auf das neue Zeitalter der Emanzipation der Frau?

Für viele Künstlerinnen und Schriftstellerinnen des ausgehenden 19. und frühen 20. Jahrhunderts stand die Landschaft als metaphorischer Raum für weibliche Selbstbestimmung, die Wildnis als Metapher für die Erfahrung und den Ausdruck der Frau, beides weithin unerforschte Territorien. Die Rückenfigur gibt einer implizierten Betrachterin die Möglichkeit, sich selbst in der selbstbewussten Protagonistin zu finden und stellt ein Echo (beabsichtigt oder auch nicht) auf Caspar David Friedrichs berühmtes Gemälde *Der Wanderer über dem Nebelmeer* von 1818 dar, das romantische Vorstellungen von Selbstbestimmtheit und Hochgefühl als Resultat der Konfrontation mit der erhabenen Natur zeigt. So gesehen bietet Roedersteins Akt das Gegenstück einer weiblichen Subjektivität und des weiblichen Intellekts in ihrer Beziehung zur Aussenwelt.

Nach Jahren der Ausgrenzung war es radikal für Künstlerinnen, sich selbst abzubilden, wie wir in Roedersteins stolzem *Selbstbildnis mit Pinseln* aus dem Jahr 1917 sehen können. Mit seinen Grautönen auf Weiss erweckt das Gemälde den Eindruck einer Malerin kühl und undurchdringbar wie Stein. Aufrecht hält sie ihre Pinsel, in rosa und beige Hauttöne getunkt, und es ist fast so, als ob die Betrachtenden unter dem prüfenden Blick der Künstlerin die Rolle des blossen Körpers im Atelier einnähmen.

Germaine Richier nähert sich mit ihrer Bronzeskulptur *Die Kröte* (1942) – einer kauernden Frau – dem Frauenakt aus einer anderen Perspektive. Richier, der das Musée National d'Art Moderne in Paris 1956 als erster Frau eine Einzelretrospektive widmete, beschäftigte sich mit Mischformen zwischen Tier, Mensch und Insekt und liess sich dafür in der Nachkriegszeit oftmals von verachtenswerten, Phobien auslösenden Kreaturen inspirieren: Kröten, Spinnen oder Fledermäusen. Im Gegensatz zu Maillols *Venus* und seinem Verständnis von Frauenkörpern als elementar, ursprünglich, natürlich zeigt Richiers *Kröte* eine animalistische Weiblichkeit fern jeglicher Erotisierung oder Ausbeutung.

Eine neue Sicht auf die durch den weiblichen Körper gefilterte Welt von Tier und Natur bieten auch die Skulpturen von Rebecca Warren. In einer interessanten Parallele zu Maillol widmet sich diese Künstlerin abstrakten Themen wie Natur, Jahreszeiten und Orten (*August* oder *La Monte*) und kommuniziert diese mit quasifigurativen Formen, die sich parodistisch auf männliche moderne Meister wie Alberto Giacometti beziehen. Halb abstrakte, totemartige Körper brechen aus ihren Konturen aus, schwellen an, schrumpfen – gänzlich anders als die glatten, kontrollierten Proportionen von Maillols *Venus* – und weisen so auf einen vage als weiblich zu lesenden Körper hin, der nicht an Ort und Stelle gehalten werden kann und jede Idealisierung verweigert.

In den Arbeiten von Nathalie Djurberg (*1976) und Judith Bernstein (*1942) hat jene Abkehr von der konventionellen Beschränkung von weiblicher Identität und Körperlichkeit in der westlichen Kunst einen karnevalesken Effekt. Beide Künstlerinnen beschäftigen sich mit den gewaltsamen und chaotischen Kräften, die in Sex, Geburt und Tod wirken, welche die traditionelle Venusikonografie und der Frauenakt jedoch diskret in Schach halten. In Bernsteins *GEBURT DES UNIVERSUMS #2* (2013) schiessen intergalaktische, bezahnte Vaginen (vielleicht ein Hinweis auf Freuds misogyne Fabel der *vagina dentata*) brennend durch den Kosmos als Ausdruck einer weiblichen Fortpflanzungsenergie, die sowohl in Maillols monumentaler Figur als auch im Bildtypus der Venus allgemein komplett abwesend ist, denn da ist authentisches, weibliches sexuelles Handeln kaum je ein Thema.

Der Kontrast zwischen der glatten und gebändigten Projektion weiblicher Sexualität in Maillols *Venus* und ihrer chthonischen, dynamischen Ausformung in den Arbeiten zeitgenössischer Künstlerinnen führt uns zu Lynda Neads bahnbrechendem Werk über den weiblichen Akt und zur Frage der Abstraktion sowie Maillols merkwürdiger Position an vorderster Front der Strömung. In Anbetracht der Geschichte der Kunstkritik argumentiert Nead, dass der Hauptzweck des weiblichen Akts die Beherrschung und Regulierung des weiblichen Körpers sei.[7] Wenn wir uns die Sprache, die Maillols Platz im Kanon der westlichen Kunstgeschichte beschreibt, genauer ansehen, finden wir mühelos Begriffe, die Neads

Theorie nachdrücklich bestätigen. So wurde Maillol weithin zugeschrieben, die schmerzliche Ausdruckskraft von Rodins skulpturaler Ästhetik, die die europäische Skulptur zu seinen Lebzeiten dominiert hatte, gezähmt und reformiert zu haben. Man bezeichnete ihn als «Cézanne der Skulptur», als Wegbereiter der Formensprache der Abstraktion in seinem Medium, seine stilistische Abkehr vom Expressionismus preisend, die man in den auf das Geometrische reduzierten Formen seiner Figuren wahrnahm und als Impetus hin zu Simplizität, Essenz und formaler Schönheit ohne jegliche Bedeutung verstand («Sie ist schön und sie bedeutet nichts»,[8] sagte André Gide voller Bewunderung über Maillols Werk *Das Mittelmeer* von 1906). Mit der Analyse des weiblichen Akts durch die feministische Kunstgeschichte wurde es schwierig, die bis dahin als positiv gewerteten Qualitäten von Maillols Skulpturen – «ausdruckslos», «schön», «bedeutungslos» – losgelöst von einer Gesellschaft und ihrer Geschlechterpolitik zu betrachten, die genau solche Eigenschaften und Attribute an Frauen schätzt.

Autorinnen wie Carol Duncan haben argumentiert, dass die Geschichte der Abstraktion als maskuline intellektuelle Errungenschaft formuliert wurde. In der Tat handelt es sich dabei um die Erzählung einer logischen, geradlinigen Entwicklung auf einen transzendentalen Endpunkt in der Geschichte der westlichen Kunst zu. Die Bilder, die als Anschauungsobjekte herangezogen werden, führen nicht selten die Beherrschung des weiblichen Körpers im Namen männlicher intellektueller Transzendenz vor Augen (Schlüsselwerke wie Picassos *Les Demoiselles d'Avignon* oder de Koonings *Woman*-Serie), während die Beiträge von Frauen zu künstlerischen und konzeptuellen Modellen der Abstraktion überschattet und entwertet wurden und bis heute nicht ganz in die Schilderung der Entwicklung der Kunst im 20. Jahrhundert passen.[9]

Wenn Maillols *Venus* in der Sammlung des Kunsthauses mit einer Anzahl von abstrakten Werken von Frauen in einen Dialog tritt, werden so Vorstellungen über den von Männern dominierten modernistischen Kanon (mit Maillol als Ausgangspunkt) gestört und provoziert – und dies zu einer Zeit, in der wichtige Schritte getan werden, voreingenommene Positionen in Bezug auf die Geschlechter in der Kunstgeschichte zu revidieren. Zum Beispiel gilt es heutzutage als erwiesen, dass die esoterischen Gemälde der schwedischen Künstlerin Hilma af Klint von 1905 und 1906 die ersten abstrakten Bilder waren und dass diese Ehre nicht Wassily Kandinsky gebührt, der sich erst 1911 von der Figur abwandte. Die Ausstellung *Elles font l'abstraction* im Centre Pompidou in Paris von 2021 war eine ausführliche Schau, die den Beitrag von Künstlerinnen zu diesem wichtigen kunsthistorischen Thema ans Tageslicht holte.

Schweizerinnen wie die Dadaistin Sophie Taeuber-Arp oder die Malerin Verena Loewensberg, eine bedeutende Vertreterin der Konkreten Kunst, boten als Frauen der Avantgarde mit ihren Arbeiten einen Kontext für Maillol, der zu diesem Zeitpunkt noch ganz einer konservativen, klassischen Formensprache verhaftet war. Zusammen mit Arbeiten wie Isa Genzkens monumentaler und minimalistischer Skulptur *TV* (1986) bilden sie einen alternativen Kanon der Abstraktion – mit Darstellungen, die den Frauenkörper als Bezugssystem gänzlich umgehen.

Mit Anna Boghiguians farbenfroh bemaltem Segeltuch *Ohne Titel* (2018) steht Maillols *Venus* von Angesicht zu Angesicht mit postkolonialen Diskursen rund um Sklaverei, Nationalismus und euro-amerikanischen Imperialismus. Die blanke Leinwand als für ein Schiffssegel verwendetes Material gemahnt an den Werkstoff in der geschätzten europäischen Tradition der Ölmalerei, im Werk von Boghiguian jedoch sehen wir uns mit einer problematischeren Geschichte von Materialität und menschlichen Revolutionen konfrontiert. Der über das Segeltuch zerstreute Globus zeigt eine zerstückelte Welt, einen Makrokosmos mit entgegengesetzten Interessen, Ambitionen und Erzählungen und ist so ein Gegenstück zu den sauber verpackten Schönheiten Maillols mit ihrer scheinbar undurchdringbaren Autorität als Objekte von kulturellem und ökonomischem Wert. Auf dem Segel finden wir Boghiguians Beschreibungen der industriellen Revolution, von kolonialistischen Kriegen um den Gewürzhandel, von der digitalen Revolution unserer Zeit und werden eingeladen, nachzudenken über die Konfrontation zwischen dem Europäer Maillol und Boghiguian, die aufgrund ihres nomadischen Lebensstils, ihres Geschlechts und ihrer armenischen Ethnizität dem globalen «Osten» zuzuordnen ist und die im Vergleich zu Maillols *Venus* und seiner in der griechisch-römischen Antike begründeten Bildtradition immer die «andere» ist.

Venus lauert auch in unerwarteter Gestalt: *Erstes Raumschiff auf der Venus (Pink Champagner)* von 2021 von Sylvie Fleury (*1961) ist eine Rakete aus rosaroter, glitzernder Glasfaser. In einer Umkehrung der traditionellen Geschlechtercodes verwandelt die Künstlerin ein maskulines, phallisches Symbol von Stosskraft, Entdeckergeist und Fortschritt in einen riesigen Lippenstift. Das Werk kann mit seinen strammen Konturen, seiner aufrechten Haltung und der spiegelglatten Oberfläche auch als abgeschmackte Abstraktion von Maillols Venusfigur verstanden werden: der traditionelle Körper der Venus destilliert zu einer kitschig verweiblichten, phallischen Patrone, bereit für den Aufbruch in den Kosmos.

Im Dialog mit dieser Vielzahl von Arbeiten von Künstlerinnen sprechen Maillols Akte eine tote Sprache. Sie gehören einer Vergangenheit an, die mit ihren Sitten, Glaubenssätzen und Symbolen unbekanntes Territorium ist und uns Menschen des 21. Jahrhunderts perplex und befremdlich vor den Kopf stösst. Aber die Angst vor dem Aufeinanderprallen zweier Kulturen ist kein Grund, fremdes Gebiet nicht zu betreten, es zu missachten oder zu übersehen. Zwischen *Venus mit Halskette* und Fleurys *Raumschiff* erfahren wir jene Art von Zeitreise, die das kreative und produktive Werk von Kunsthistoriker*innen und Kurator*innen ist. Wir wissen mittlerweile, dass eine bewusste Zensur *(cancel culture)* aus den Kunstwerken und ihren Erschaffern, die unsere heutige Gendersensibilität provozieren, nur Märtyrer macht. Ein Gespräch zwischen Vergangenheit und Gegenwart hingegen, welches beide Enden des Spektrums beleuchtet, erlaubt uns zu erkennen, wie weit wir bereits gekommen sind. Es kann wieder einfach sein. Wir können beides haben. Ich schau dir in die Augen, Maillol.

1 Vgl. Sherry B. Ortner, «Is Female to Male as Nature Is to Culture?», in: *Feminist Studies,* Bd. 1, Nr. 2, 1972, S. 5–31.

2 James Fenton, «The Secrets of Maillol», in: *The New York Review,* 9. Mai 1996.

3 Virginia Woolf, *A Room of One's Own,* 1929. Deutsch: Virginia Woolf, *Ein Zimmer für sich allein* (aus dem Englischen und mit einem Nachwort von Antje Rávik Strubel), Zürich 2019, S. 51.

4 «It is all right for a (‹low›, of course) woman to reveal herself naked-as-object for a group of men, but forbidden to a woman to participate in the active study and recording of naked-man-as-object, or even a fellow woman». Linda Nochlin, «Why Have There Been No Great Women Artists?», in: Maura Reilly (Hg.), *Women Artists: The Linda Nochlin Reader,* London 2015, S. 42–68, hier: S. 53.

5 Vgl. «Woman is tied to her place as the bearer and not maker of meaning». Laura Mulvey, «Visual Pleasure in Narrative Cinema» in: dies., *Visual and Other Pleasures,* Basingstoke 1989.

6 «Je relève les jupes de ma femme et je trouve un bloc de marbre.», in: Harry Graf Kessler, *Journal. Regards sur l'art et les artistes contemporains (1889–1937),* 10. Juni 1907.

7 «the principal goal of the female nude is containment and regulation of the female body». Lynda Nead, *The Female Nude: Art, Obscenity and Sexuality,* London/New York 1992, S. 6.

8 André Gide, «Promenade au Salon d'Automne», in: *Gazette des Beaux-Arts,* Nr. 34, 1905, S. 475–485, hier: S. 476.

9 Vgl. Carol Duncan, *Civilizing Rituals: Inside Public Art Museums,* London/New York 1995.

It all used to be so simple. For centuries, the ubiquitous trope of the female nude existed as a beloved testament of pure culture at the heart of Western art – such a familiar sight lining the walls and plinths of international art galleries, museums and collections that it was long synonymous with 'art' itself. Whether reclining languorously on a couch like an odalisque or standing triumphantly unrobed, this female body has often been coded as Venus, the mythological Western goddess who became a blueprint for essentialist ideas about ideal female sexuality, nature, fertility, beauty and tradition as seen by a male artist – and, largely, for an implied male audience.

But then something changed. Feminist interventions by artists and art historians from the early 1970s gave us new ways of understanding the politics of looking and making: of who gets to look at whom, who gets to shape whose image, and the power discourses at stake in those exchanges. Since then the past decade's global resurgence of feminism and the '#MeToo' movement, along with a more mainstream adoption of fluid approaches to sex and gender, have troubled the female nude as an uncomplicated symbol of ideal femininity and womanhood. The painted or sculpted body of an unclothed woman is no longer a stable category with which to project universal ideas and norms about art and the traditional art historical narratives that have been concerned with stylistic innovation, artistic achievement and legacy. Terms such as the 'male gaze' have entered the mainstream lexicon of the gallery-going public and become euphemisms for a type of entitled misogyny that reflects wider social inequities.

Aristide Maillol's *Venus with a Necklace* of 1928 fits ineffably into the Western tradition of the passive female nude. A pneumatic bronze body with sturdy hips and thighs suggestive of physical labour and reproductive efficiency, the work was allegedly modelled on a Spanish maid who worked in the Maillol household one summer. Look again, and she slips easily into mythological or historical fancy dress: that long beaded necklace that snakes languorously around her shoulders, skimming the tops of her breasts, recalls the exoticised Western depictions of the suicidal ancient African queen Cleopatra with an asp at her chest, or Clemente Susini's luridly voyeuristic eighteenth-century 'anatomical Venuses'.

Maillol saw the whole world in the robust bodies of the women he sculpted, transforming his models into luscious ciphers to communicate abstract ideas and aesthetic sensations as disparate as *Summer, Youth, Night,* to symbols of territory, place and nationhood, such as *The Mediterranean* or *Île-de-France.* Often, he conceived of these nudes in line with the conventions and sensibilities of the nineteenth century that conflated women's bodies with elemental nature, sculpting fecund female forms in the guise of mountains, rivers or air in a reflection of the gender assumptions of the time that held woman as animal 'nature' in opposition to man as rational 'culture'.[1]

There were seemingly no limits to what an idealised female nude could represent for the artist who even drew on it in his monuments to dead men, whether the glorious dead of the Pyrénées-Orientales town of Port-Vendres, or to the dead men of culture such as Cézanne and Debussy, each of whom Maillol memorialised with a singular female nude with pert apple-like breasts. When Prime Minister George Clemenceau approached the artist with a commission for a sculpture to commemorate the political activist Louis-Auguste Blanqui, he is reported to have said: 'I'll make you a nice big woman's ass and I'll call it *Liberty in Chains.*'[2]

Maillol, then, perhaps more than any other sculptor of his time, seems to lend weight to Virginia Woolf's claim that women's bodies have been a flattering mirror for male identity, when she wrote in 1929 that: 'women have been all these centuries the looking glasses possessing the magic and delicious power of reflecting the figure of man at twice his natural size'.[3] And the figure of man that these buxom Venuses reflect more than anything is the male artist, who, endowed with the powers of creation through brush, pen or chisel, is seen to make high art from the raw material of the female body.

Despite the proliferation of symbols and themes aligned with the female nude in art history, it is a type of image that always already expresses a lack – not just in a Freudian sense as a vehicle for castration anxiety – but because the female nude is a vivid reminder that women themselves were prohibited from the study of the nude life model until the very end of the nineteenth century in most European countries. As Linda Nochlin pointed out in her 1971 essay 'Why Have There Been No Great Women Artists?', 'it is all right for a ("low", of course) woman to reveal herself naked-as-object for a group of men, but forbidden to a woman to participate in the active study and recording of naked-man-as-an-object, or even a fellow woman'.[4] The study of the nude body in the life class was considered an essential aspect of artistic training and a necessary inclusion in artworks that aspired to any worth or merit, chiefly the sort of 'history paintings' that depicted religious, mythological or political themes. But the complete unavailability of the nude model to the aspiring woman artist meant that they were simply denied the possibility of creating any art that would be taken seriously. Regardless of access to the nude model, there was also the question of institutional exclusion. It was not until 1897 that the École des Beaux-Arts in Paris admitted the first female students (when Maillol was already in his mid-thirties), and a few years before that the self-taught artist Suzanne Valadon became the first woman to join the French Société Nationale des Beaux-Arts in 1894. (One might also reflect on how it is only in 2022 that Alexia Fabre became the first female director of the École des Beaux-Arts in its 400-year history.)

Nochlin's analysis also reminds us of the politics of class written into the image of the female nude – something which is taken up by British poet Carol Ann Duffy in her 1984 poem 'Standing Female Nude'. Duffy animates the voice of the traditionally mute life model who speaks of the pitiful remuneration of a few francs for her time posing 'belly nipple arse in the window light'; of the transformation of her body from a living, moving presence into an analytical representation, of how 'the bourgeoisie will coo at such an image of a river-whore'. Duffy draws attention to the economies of making and looking at art that depended on the availability of women of lower socio-economic status whose bodies were transformed for the intellectual and cultural posturing of an elite bourgeoisie, even while these women themselves were excluded from such milieux.

Every female nude in Western art before the end of the nineteenth century could therefore be thought of as an inverted portrait of the man who created the work and the missing woman who was denied entry to the anatomy class, supposedly for her own and society's protection. It is bitterly ironic, then, that despite acting as the blank canvas for a whole cache of male-defined meanings, the female body could not speak for herself. As Laura Mulvey has suggested: 'woman is tied to her place as the bearer and not maker of meaning'.[5] Furthermore, this process of objectification from woman to mute cultural object is neatly proven by Maillol's own admission, as he quipped: 'When I see a girl pass by I undress her with my eyes and I see marble underneath her skirt'; and even of his own wife's figure, 'I lift up my wife's skirts and see a block of marble'.[6]

Whereas once Maillol's monumental bronze *Venus with a Necklace* may have provided a secure anchor in a grand arching narrative of evolution in the history of art, the creation of the work in 1928 also aligns with a burgeoning access for women into professional careers as artists and a legitimisation of self-determined female expression in the wake of the so-called first wave of feminism. Women's contributions to art history have complicated the authority of the female nude as an art historical trope defined by men, whether in their works that have critiqued those hoary traditions, or by reclaiming the female nude body on their own artistic terms, or even eschewing the body altogether. Here, upended from the safety of the male-defined canon of art, and seen in conversation with works by women in the Kunsthaus collection, Maillol's *Venus* becomes the outsider, the *étrangère,* the universality of its meaning insecure, its authority compromised.

The work of the eighteenth-century Swiss artist Angelika Kauffmann sets in motion certain prototypically feminist issues concerning the depiction of the female nude and the identity and subjectivity of the female artist, questions that were not formally approached in scholarship by feminists until the 1960s. Kauffmann was one of a handful of women in the history of art who could claim the most illustrious identity as an artist of 'history painter'; however, such a title was already unthinkable by the time Maillol attended the École des Beaux-Arts in Paris in 1885, before women were allowed to enrol, and if they did paint, were expected to dabble as dilettantes with the lesser-perceived genres of flower paintings and portraits.

During the decade and a half she spent in London, Kauffmann in 1768 became one of two women among the founding members of the Royal Academy of Arts in England, even in spite of the institutional exclusion of women from professional art training. She appears in Johann Zoffany's group portrait of the founding members in a by now famous example of the socially held anxiety about women painters in eighteenth-century England. Alongside the only other female founding member, Mary Moser, Kauffmann appears in effigy as a painted portrait on the wall – a depiction of her physical presence unthinkable in a room in which the nude male body was being studied.

But while women artists appeared as pictures rather than professional people, there was no social taboo against them appearing as lovers of illustrious male artists or in erotically entertaining guises. In 1775 Kauffmann drew attention to this inequity when she successfully blocked the exhibition of a painting by Nathaniel Hone in the Royal Academy show on grounds of its offensiveness to her as a professional artist. Hone's painting *The Conjuror* (1775) depicts Kauffmann in the guise of a young child perched at the knee of a much older artist (a caricature of the Academy president Joshua Reynolds). In the background, nude women in black stockings cavort while brandishing palettes and paintbrushes. The image seems to suggest that women artists can only be understood as either younger lovers or eroticised spectacles for sexual enjoyment – either infantilised or sexually denigrated.

In the Kunsthaus' collection, Kauffmann's interpretation of the mythological saga of *Cupid and Psyche,* is at first glance, an elegant and restrained depiction of tender intimacy between the son of Venus and his mortal young lover, frigid even in contrast to the bombastic physicality of Maillol's *Venus*. However, in some ways it is a radical departure from the common depiction of the popularly depicted myth. Psyche was known in Apuleius' *Metamorphosis* as a rival to Venus in her beauty, so much so that the goddess sent her son Cupid to shoot the mortal girl with an arrow in the hope that she would fall in love with something hideous. Cupid, however, botched his mission and scratched himself on his dart, falling in love with Psyche, whom he later confined to a room in his palace where he visited her every night to have sex with her without her knowing who he was.

While painted interpretations of the myth often focused on the sexual dynamic of the narrative, the nudity of the young lovers and the erotic tension and anguish of Psyche's plight, Kauffmann depicts a tender, empathic reunion between them after Psyche's return from her heroic journey to the underworld which no human had ever accomplished. All of the usual invitations to gaze at Psyche's nude body are resisted by depicting her fully clothed, shifting the focus away from a story of a young woman whose life is defined by her sexual relationship with a male god, into an expression of mutual sympathy.

But if women artists such as Kauffmann rejected the sensualist and titillating depictions of female nude bodies, later women artists such as Ottilie Wilhelmine Roederstein looked to the nude figure to reclaim both the study of the body that had been denied to them and the depiction of the idealised female body that had been decided for them. In *Nude Woman in Front of a Landscape* (1897), Roederstein paints a standing female nude with arms folded, seen from behind and with a depiction of flesh that is frank and naturalistic rather than erotically voluptuous. Stripped bare, like the leafless trees, the figure seems to suggest a confident authenticity without embellishment or performance for an expectant gaze. An active voice in campaigns for women's emancipation, Roederstein was instrumental in the foundation of the first girls' school in Frankfurt, where she lived with her partner Elisabeth Winterhalter, also a pioneering feminist and Germany's first female surgeon. In contrast to Maillol's essentialist projection of elemental nature as female, Roederstein's nude woman is seen contemplating a natural landscape before her, as dawn curls over the horizon, hinting perhaps at a new era of female emancipation.

For women artists and writers in the late nineteenth and early twentieth centuries, landscape often represented a metaphorical space of women's self-determination, a wilderness of female experience and expression that was, as yet, uncharted ground. Seeing the figure from behind also allows for the possibility of an implied female spectator to identify with the confident protagonist, in an echo (intentional or not) of German artist Caspar David Friedrich's famous painting *Wanderer above the Sea Fog* of 1818, which has come to represent Romantic notions of self-determination and exhilaration in confrontation with the sublime. As such, Roederstein's nude offers a feminised model for female subjectivity and intellect in relation to the exterior world.

After centuries of exclusion, to depict the self was a radical act for a woman artist, as can be seen in Roederstein's confident *Self-Portrait with Brushes* of 1917 with its tones of grey on white that create an impression of the artist as cool and impervious as flint. Holding her erect brushes daubed with flesh tones of pink and beige, it is almost as if the spectator assumes the role of the nude body in the studio under her analytical scrutiny.

Germaine Richier approaches the female nude from another angle in her sculpture of a crouching woman cast in bronze called *The Toad* (1942). Richier, who was the first woman to be given a solo retrospective at the Musée National d'Art Moderne in Paris in 1956, was interested in hybridity between animal, human and insect life, often drawing on traditionally abject or phobia-inducing creatures (toads, spiders, bats) in the post-war period. In contrast to Maillol's *Venus* and his expression of female bodies as elemental, primordial nature, Richier's *The Toad* offers the possibility for an animal feminine which is neither eroticised nor predatory.

A revisioning of animal and natural world as filtered through the female body finds certain echoes, perhaps, in Rebecca Warren's sculptures. This artist, arguably like Maillol, takes on abstract themes of nature, seasons and places (such as *August* or *La Monte*), and communicates them through quasi-figurative forms that reference and parody modern male masters such as Alberto Giacometti. Here totemic, semi-abstract bodies erupt, bulge and atrophy in ways that are at odds with the smooth pneumatic control of Maillol's *Venus* and hint at a vaguely feminine body that cannot be held in place and refuses to be idealised.

Elsewhere, this leakage of the conventional containment of female identity and bodies in Western art appears with carnivalesque effect in the work of Nathalie Djurberg (b. 1976) and Judith Bernstein (b. 1942), both of whose works engage with the violent and chaotic forces of sex, birth and death that are otherwise held at bay in the discrete tradition of Venus and the Western nude. In Bernstein's *BIRTH OF THE UNIVERSE #2* (2013), intergalactic toothed vaginas (a nod, perhaps, to the misogynistic fable of the 'vagina dentata' as analysed by Freud) burn through the cosmos as an expression of female procreative energy that is conspicuously absent in Maillol's monumental figure and the wider tradition of Venus in which authentic female sexual agency and energy is rarely expressed.

Considering these contrasts between the polished and contained projection of female sexuality in Maillol's *Venus* and the chthonic and dynamic expression of it in works by contemporary women artists leads us to Lynda Nead's now seminal work on the female nude, and on, perhaps unexpectedly, to the question of abstraction and Maillol's curious position at the spearhead of the movement. Nead has drawn on the legacy of art criticism to argue that 'the principal goal of the female nude is containment and regulation of the female body'.[7] Considering the sort of language that describes Maillol's place in the Western canon of art history, it is easy to find terms that conspicuously echo Nead's theory. For example, Maillol was broadly credited with tightening and reforming the dolorous expressiveness of Rodin's sculptural aesthetic that had dominated European sculpture, earning him an identity as the 'Cézanne of sculpture', that is, a first step towards abstraction. What was praised in his stylistic deviation from expressionism was a consolidation of geometric composition in his figures, and a perceived drive towards simplicity, essence, and a formal beauty devoid of any meaning. ('She is beautiful and she means nothing'[8] was said by André Gide in admiration of Maillol's *The Mediterranean* of 1906). In light of the analysis of art history's female nude by feminist scholars, it also becomes hard to divorce the types of qualities that were praised in Maillol's sculpted female nudes – 'non-expressive', 'beautiful' and 'meaningless' – from the gender politics that favoured (and continue to favour) those qualities and attributes in actual women.

As writers such as Carol Duncan have argued, the story of abstraction has been framed as a masculine intellectual endeavour, eulogised as a transcendental end point in the story of Western art with pictures that have enacted a mastery over the female body (in key works such as Picasso's *Demoiselles d'Avignon* or de Kooning's *Woman* series) in the name of a male intellectual transcendence, while women's contributions to the artistic and conceptual models of abstraction have been overshadowed, devalued and still not fully aligned with the story of twentieth-century art.[9]

Maillol's *Venus,* then, enters into a dialogue with a number of abstract works by women in the Kunsthaus collection in ways that trouble and provoke the assumptions of the male-dominated modernist canon (with Maillol at its presumed source) and at a time in which significant interventions have been made to reframe the gender bias in art history's narrative. What is now a commonly held notion, for example, is that the Swedish artist Hilma af Klint's esoteric abstract paintings of 1905–06 have unseated the claims that Wassily Kandinsky painted the first abstract paintings in 1911, while the Centre Pompidou in Paris staged a large-scale exhibition titled *Women in Abstraction* in 2021 which aimed at recovering women's contributions to the movement.

Abstract works by Swiss women such as the key Dada artist Sophie Taeuber-Arp, as well as Verena Loewensberg's concrete paintings, provide a context for women's contributions to the avant-garde at a moment when Maillol was still attached to conservative classical forms in his sculpture. Alongside works such as Isa Genzken's monumental and minimalist sculpture *TV* (1986), they can be seen as an alternative abstract canon (for what that may be worth), as representations in which women's bodies evade the frame of reference altogether.

Elsewhere, in Anna Boghiguian's colourful painted sailcloth *Untitled* (2018), Maillol's *Venus* comes face to face with post-colonial discourses around slavery, nationalism and Euro-American imperialism. The blank canvas of the ship's sail recalls the much-valued European tradition of oil painting, but here offers a more problematic history of materials and human revolutions. A fractured world macrocosm of competing interests, ambitions and invested narratives can be seen in the globe that dissipates across the sailcloth and provides a contrast to the neatly packaged bodies of Maillol's beauties, with their seemingly impenetrable authority as objects of cultural and economic value. Here Boghiguian's written histories of industrial revolution, colonial spice wars, and the most recent digital revolution are inserted into the sail, and invite us to consider the confrontation between the European Western artist Maillol and (by virtue of her nomadism, gender and Armenian heritage) 'Eastern' artist Boghiguian, who has traditionally been othered by the conventions that Maillol's *Venus* (and the Greco-Roman tradition that it evokes) so neatly represents.

Venus also lurks here in unexpected guises. Sylvie Fleury's (b. 1961) pink glitter fibreglass rocket *First Spaceship on Venus (Pink Champagne)* (2021) sees the rocketship, a traditionally masculine and phallic symbol of thrust, exploration and progress rendered into something like a giant lipstick in a confusion of contemporary culture's traditional gender codes. But it can also be seen as a kitsch abstraction of Maillol's figure of Venus, echoing the taught contours, erect position and reflective surfaces: the traditional body of Venus distilled into a camply feminised phallic bullet, bound for cosmic exploration.

Seen here in dialogue with a work by a host of women artists, Maillol's nudes speak something of a dead language, belonging to a past that is by now a foreign country with customs, beliefs and symbols that seem perplexing and alienating to our twenty-first-century position. But fear of culture clash is never a reason not to visit, nor is it a reason to disregard or overlook these foreign terrains. Caught between *Venus with a Necklace* and Fleury's *Spaceship* is the very time travel that is the creative and productive work of art history and exhibition curation.

By now we know that 'cancel culture' creates martyred objects of the works and artists that pique and provoke our contemporary sensibilities about gender, but a conversation between past and present allows us to see how far we have come and to take the best and the worst from each end of the spectrum. It can be simple again. We can have both. Here's looking at you, Maillol.

1 Sherry B. Ortner, 'Is Female to Male as Nature Is to Culture?', in: *Feminist Studies,* Vol. 1, No. 2 (autumn, 1972), pp. 5–31.

2 James Fenton, 'The Secrets of Maillol', *The New York Review,* 9 May 1996.

3 Virginia Woolf, *A Room of One's Own,* 1929.

4 Linda Nochlin, 'Why Have There Been No Great Women Artists?', in: Maura Reilly (ed.), *Women Artists: The Linda Nochlin Reader,* 2015, pp. 42–68, here p. 53.

5 Laura Mulvey, 'Visual Pleasure in Narrative Cinema', in: idem, *Visual and Other Pleasures,* 1989.

6 'Je relève les jupes de ma femme et je trouve un bloc de marbre', in: Harry Graf Kessler, *Journal. Regards sur l'art et les artistes contemporains (1889–1937),* 10 June 1907.

7 Lynda Nead, *The Female Nude: Art, Obscenity and Sexuality,* 1992, p. 6.

8 André Gide, 'Promenade au Salon d'Automne,' *Gazette des Beaux-Arts 34* (1905), pp. 475–485, here p. 476.

9 Carol Duncan, *Civilizing Rituals: Inside Public Art Museums,* 1995.

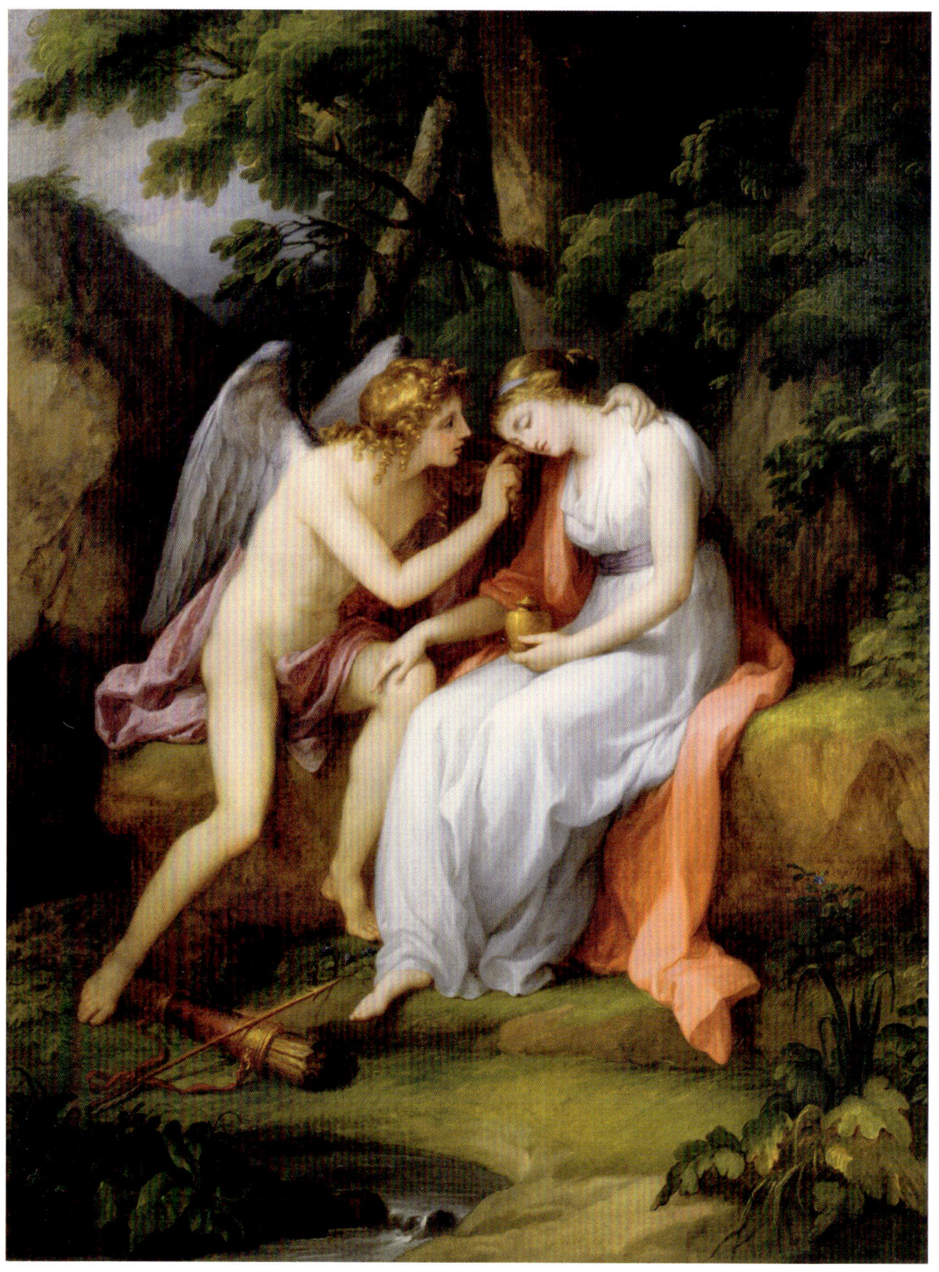

Angelika Kauffmann: Amor und Psyche, Cupid and Psyche, 1792

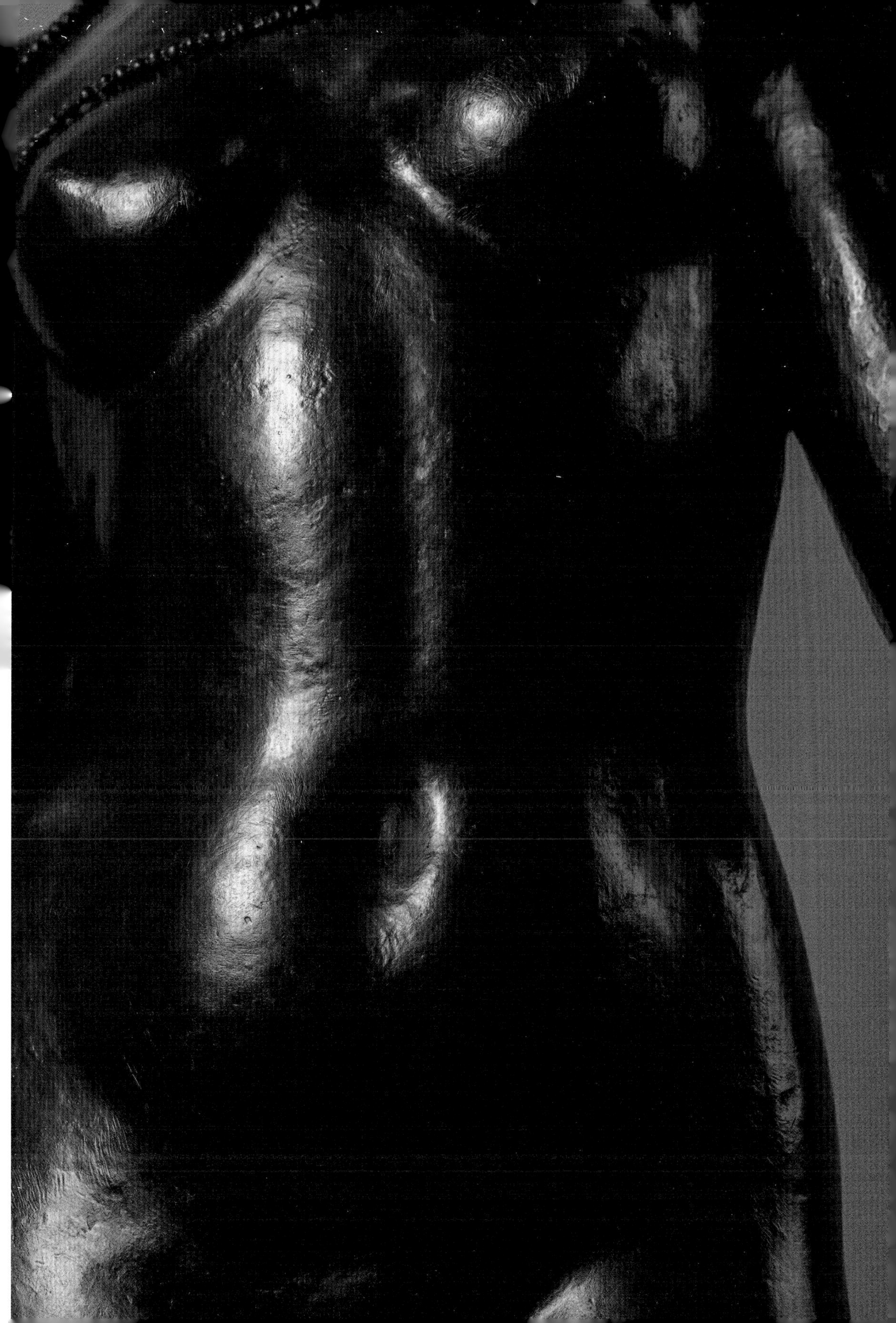

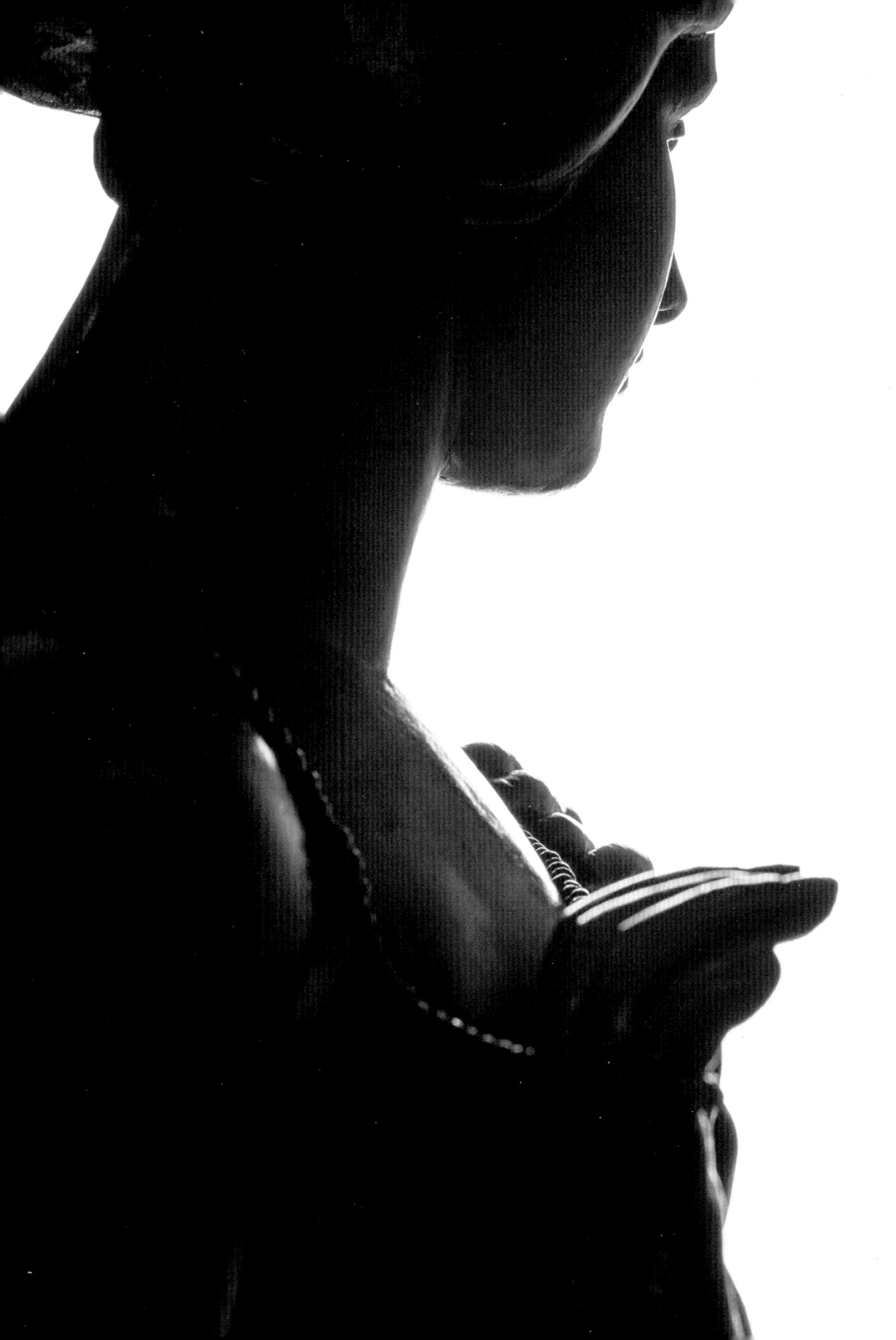

Germaine Richier: Le Crapaud / Die Kröte, The Toad, 1942

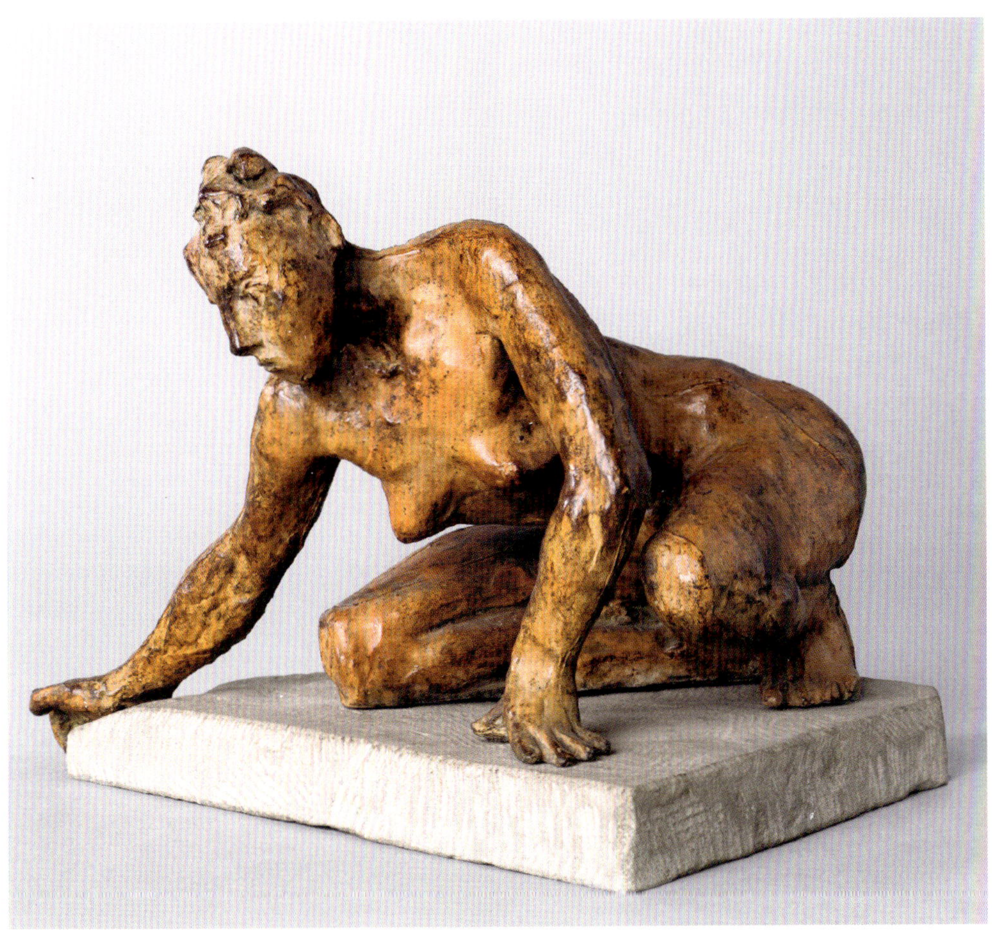

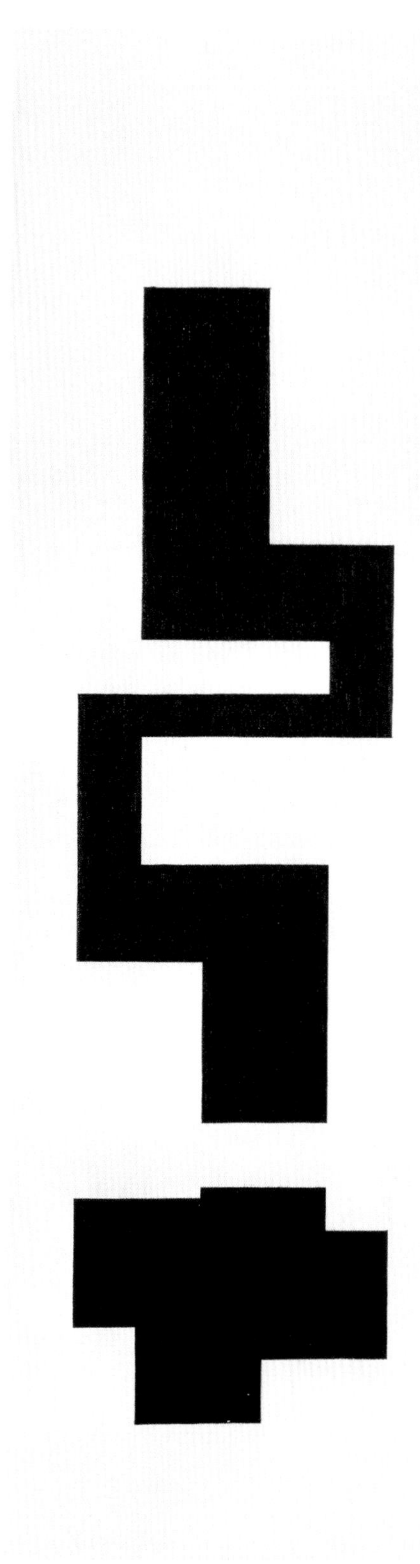

Verena Loewensberg: Ohne Titel, Untitled, 1948

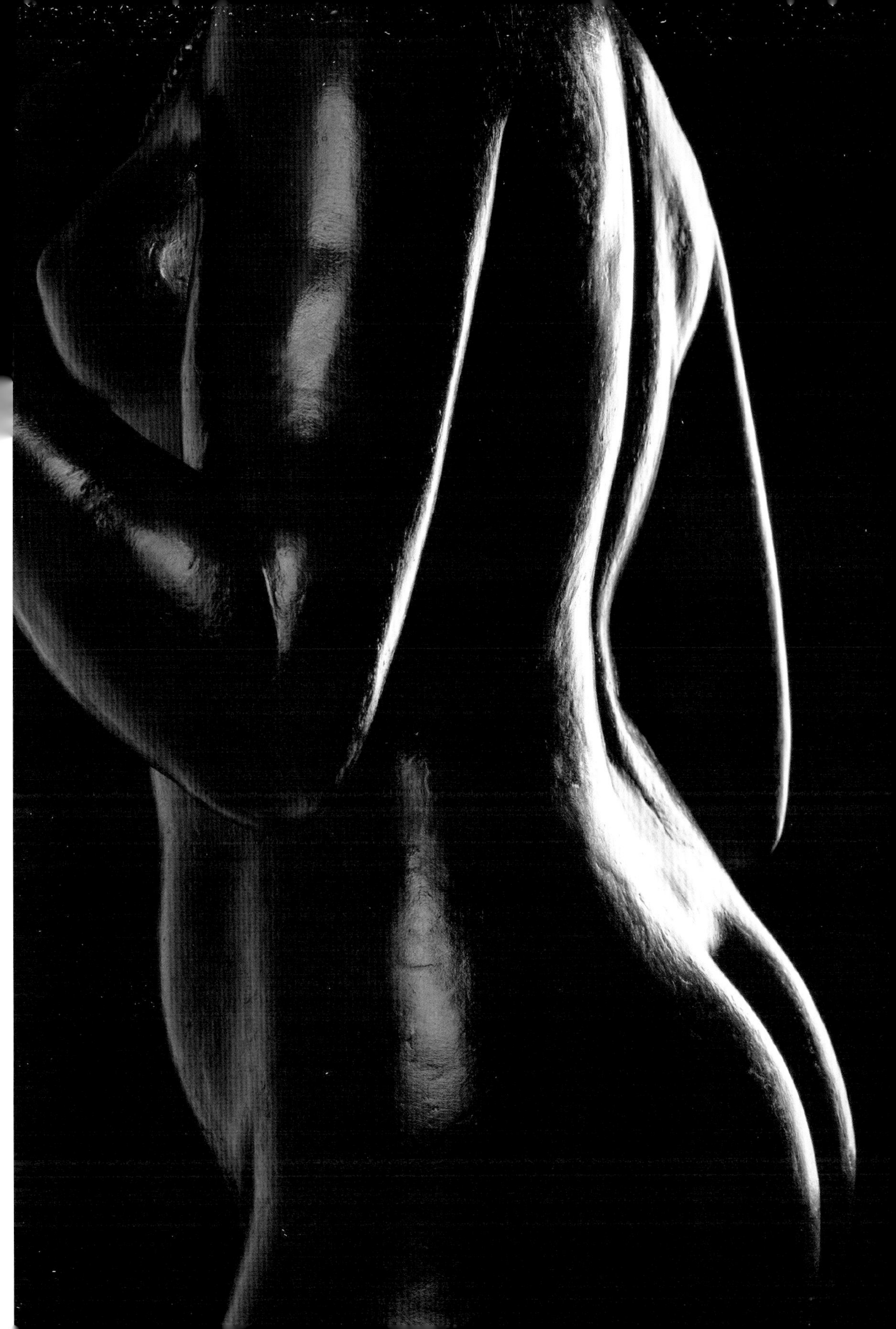

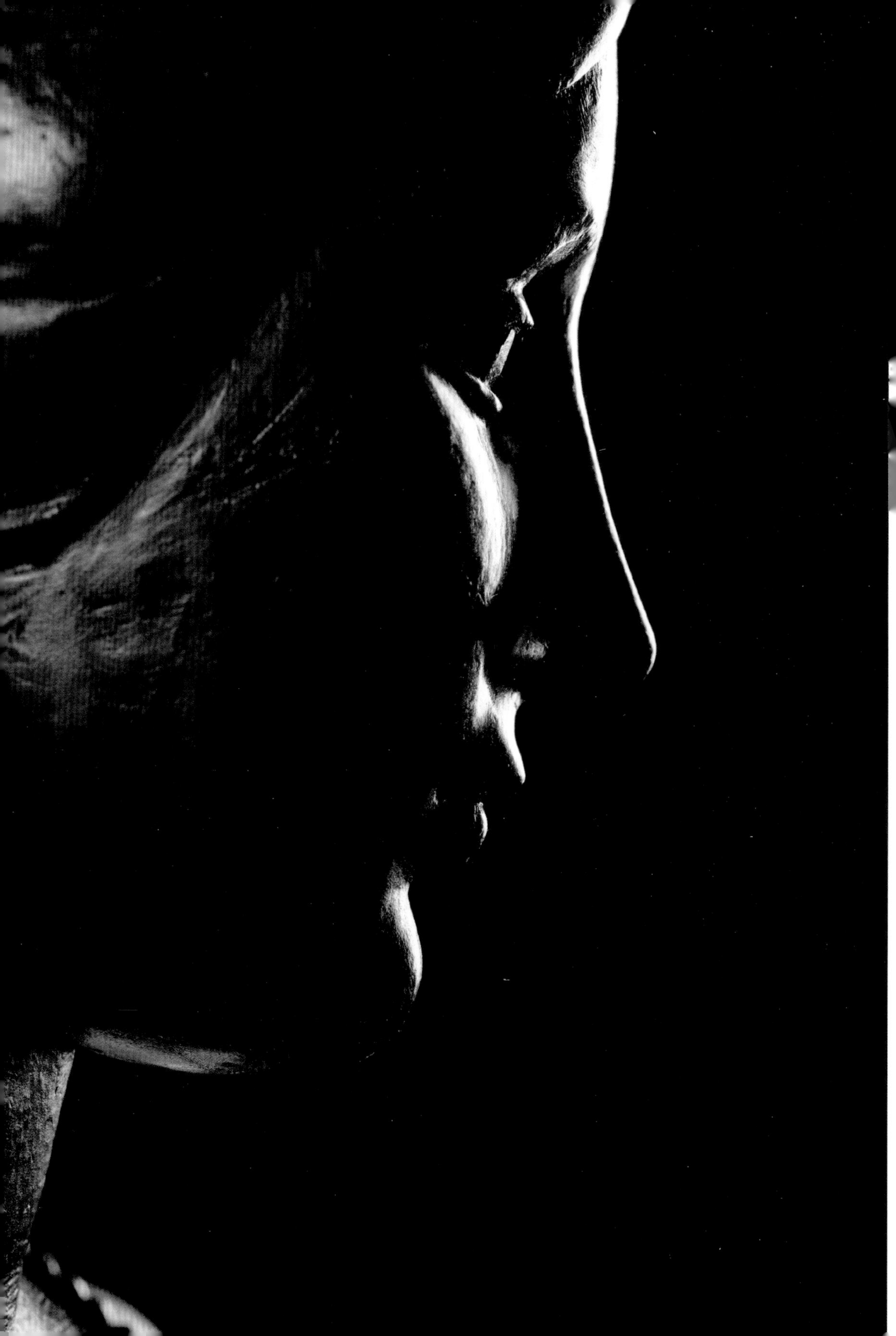

Helen Dahm: Selbstbildnis, Self-Portrait, 1953

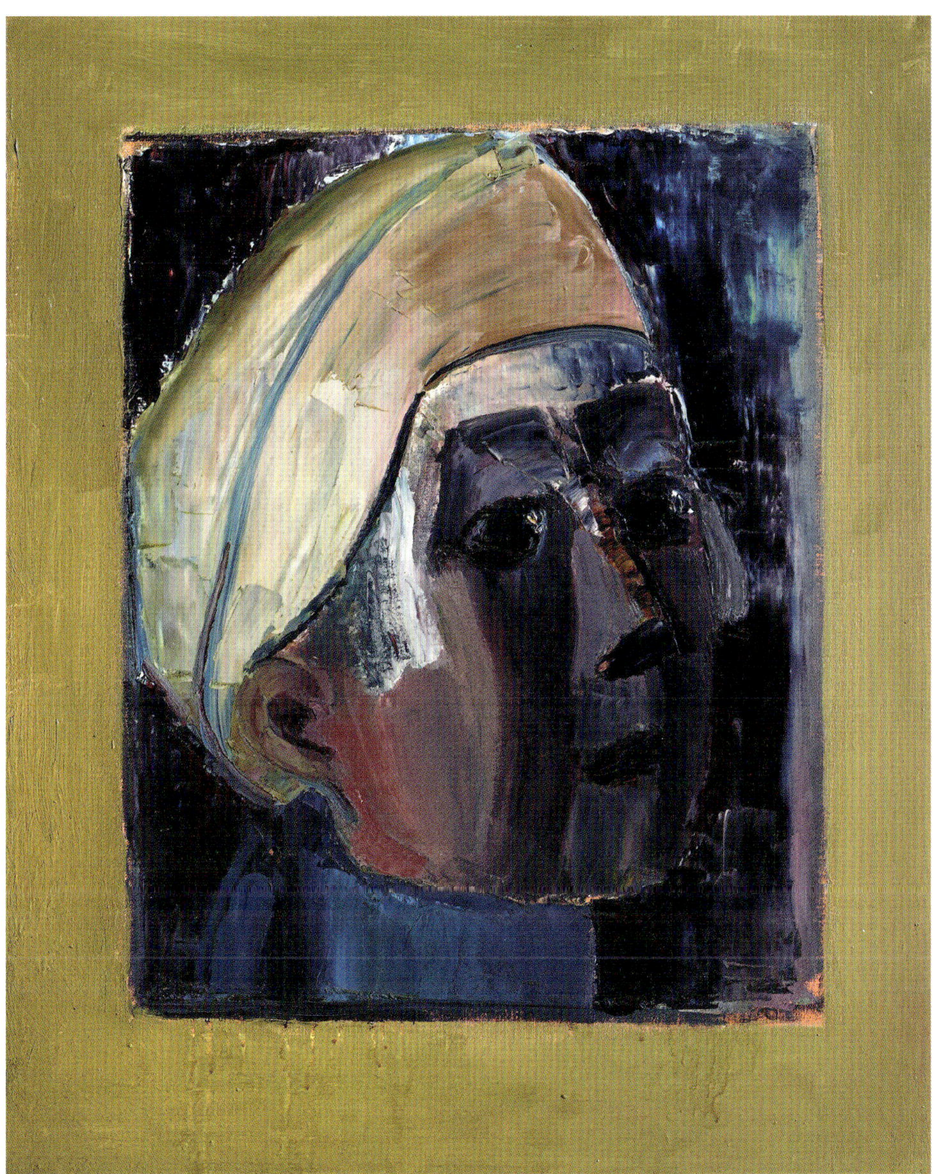

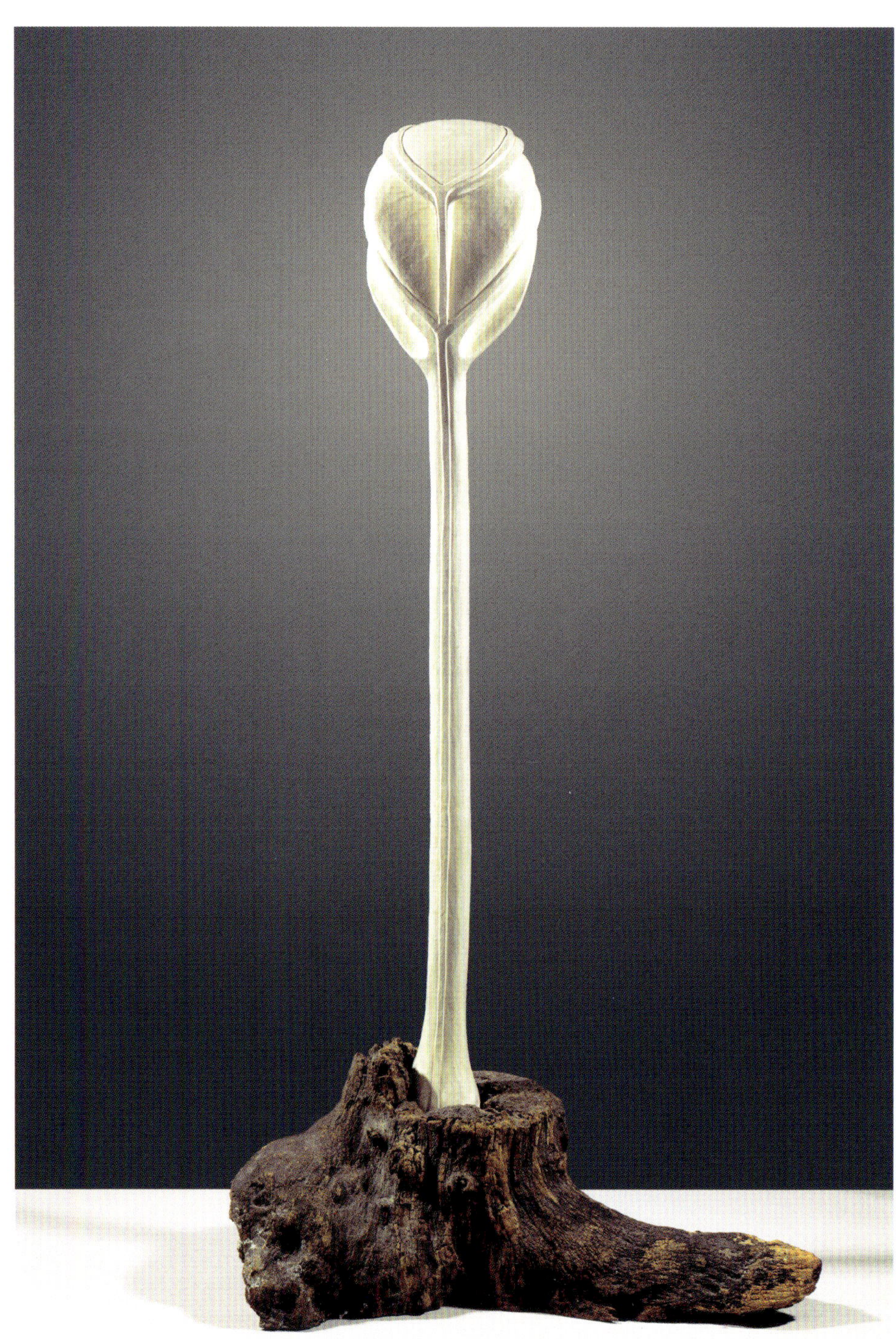

Meret Oppenheim: Fleur masquée / Maskierte Blume, Masked Flower, 1958

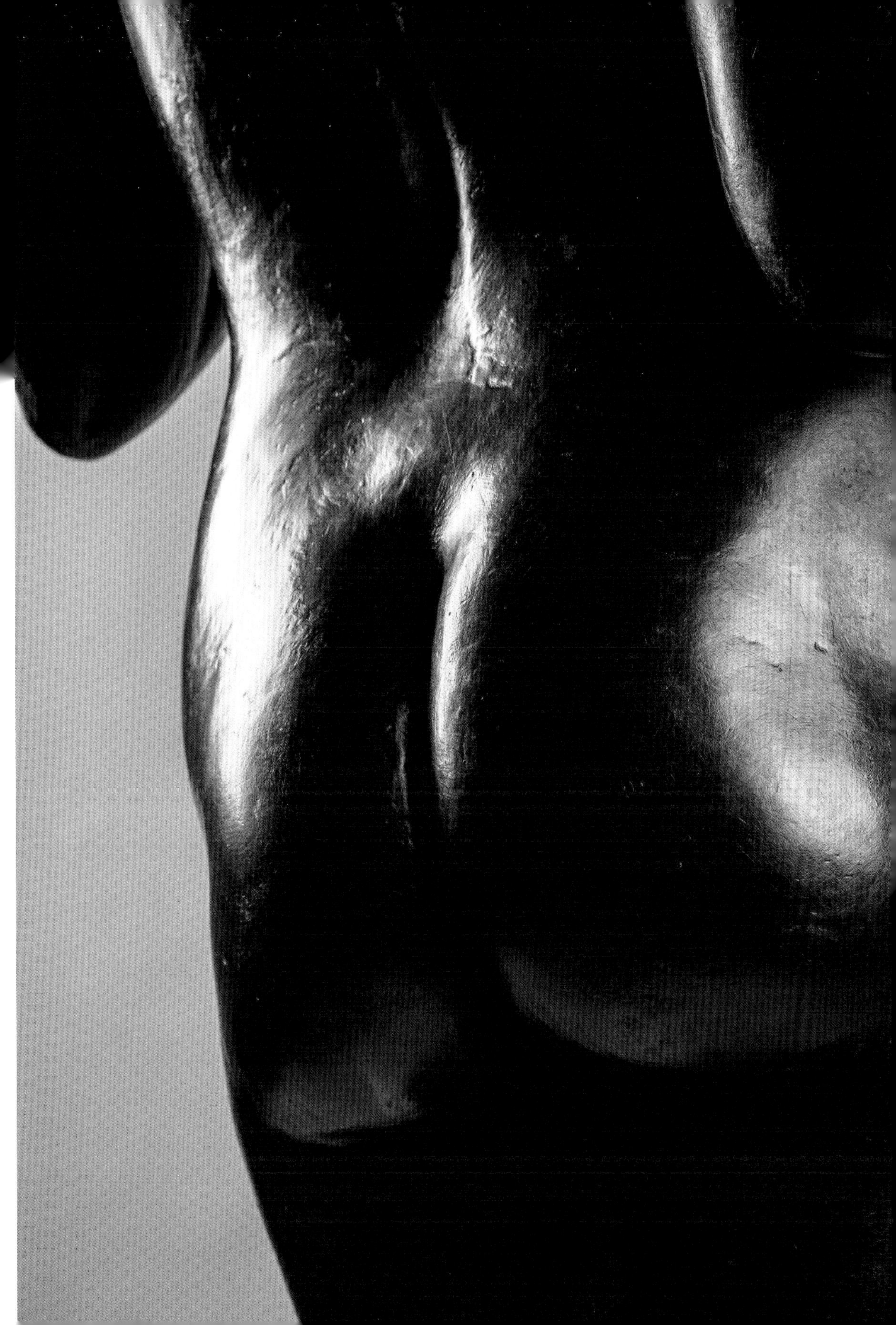

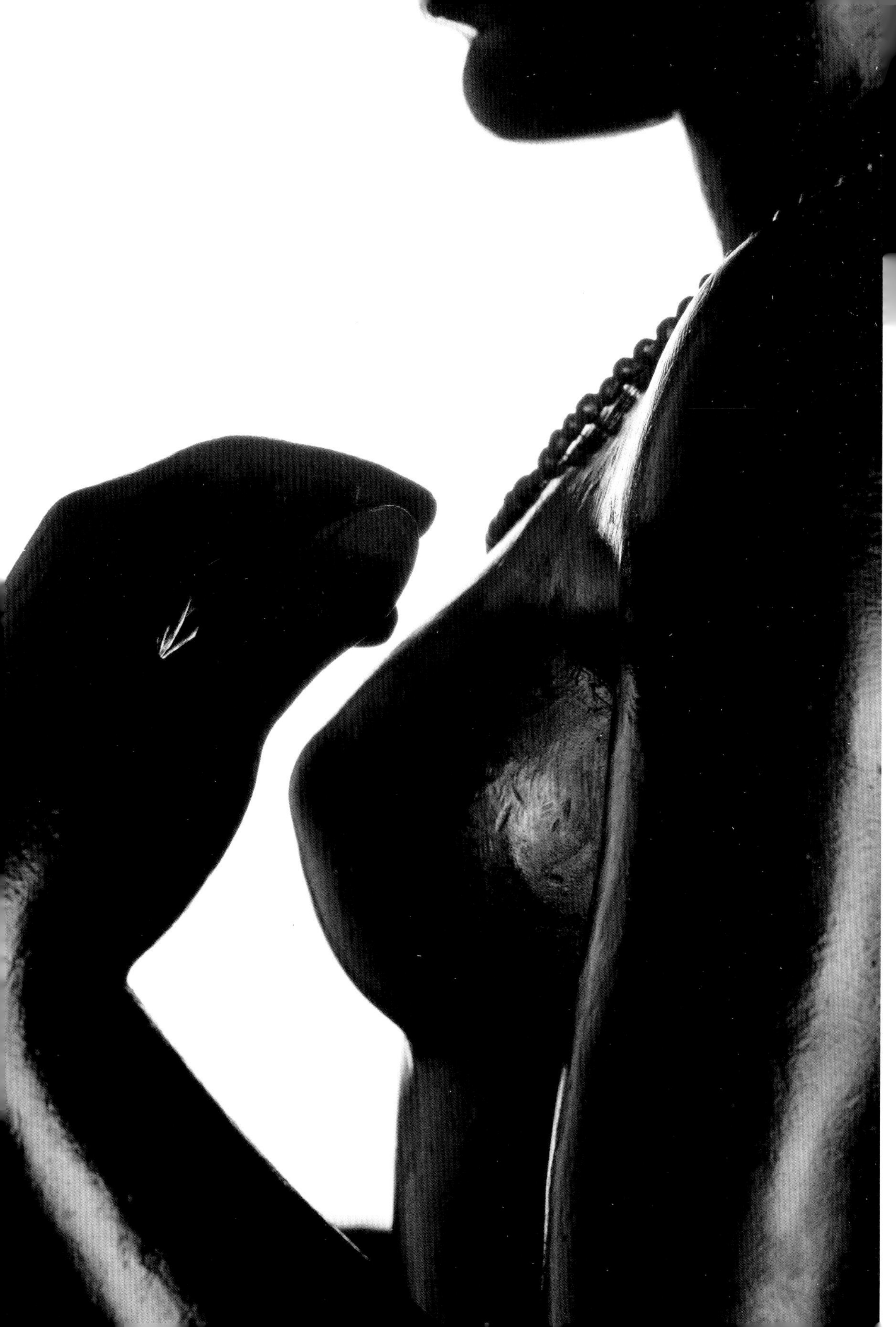

Sylvie Fleury: 283 Chevy, 1999

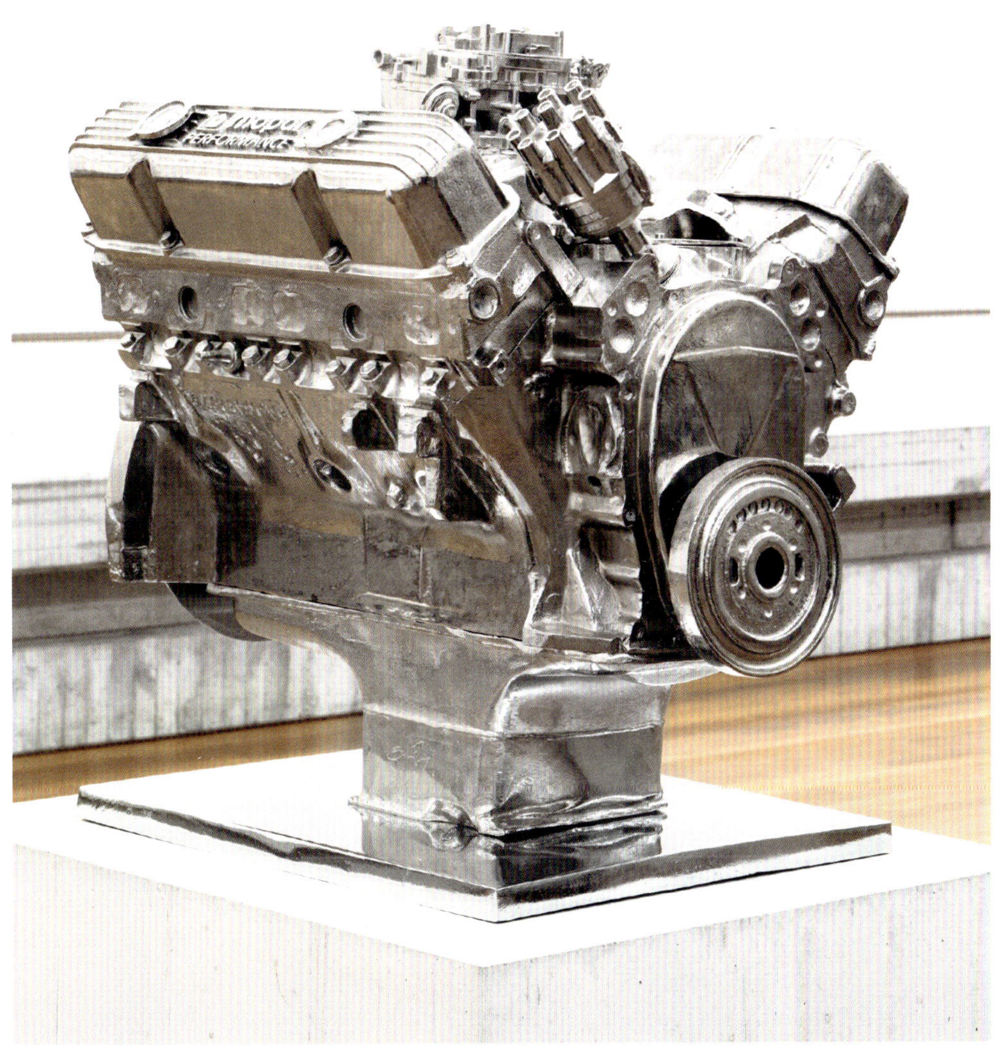

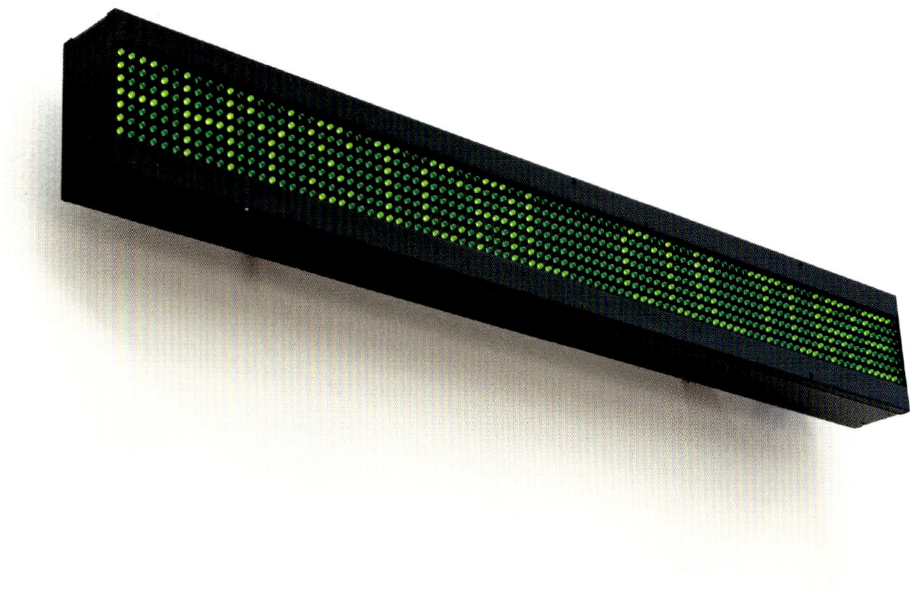

Jenny Holzer: Selections from Truisms, Auswahl von Binsenwahrheiten, 1984

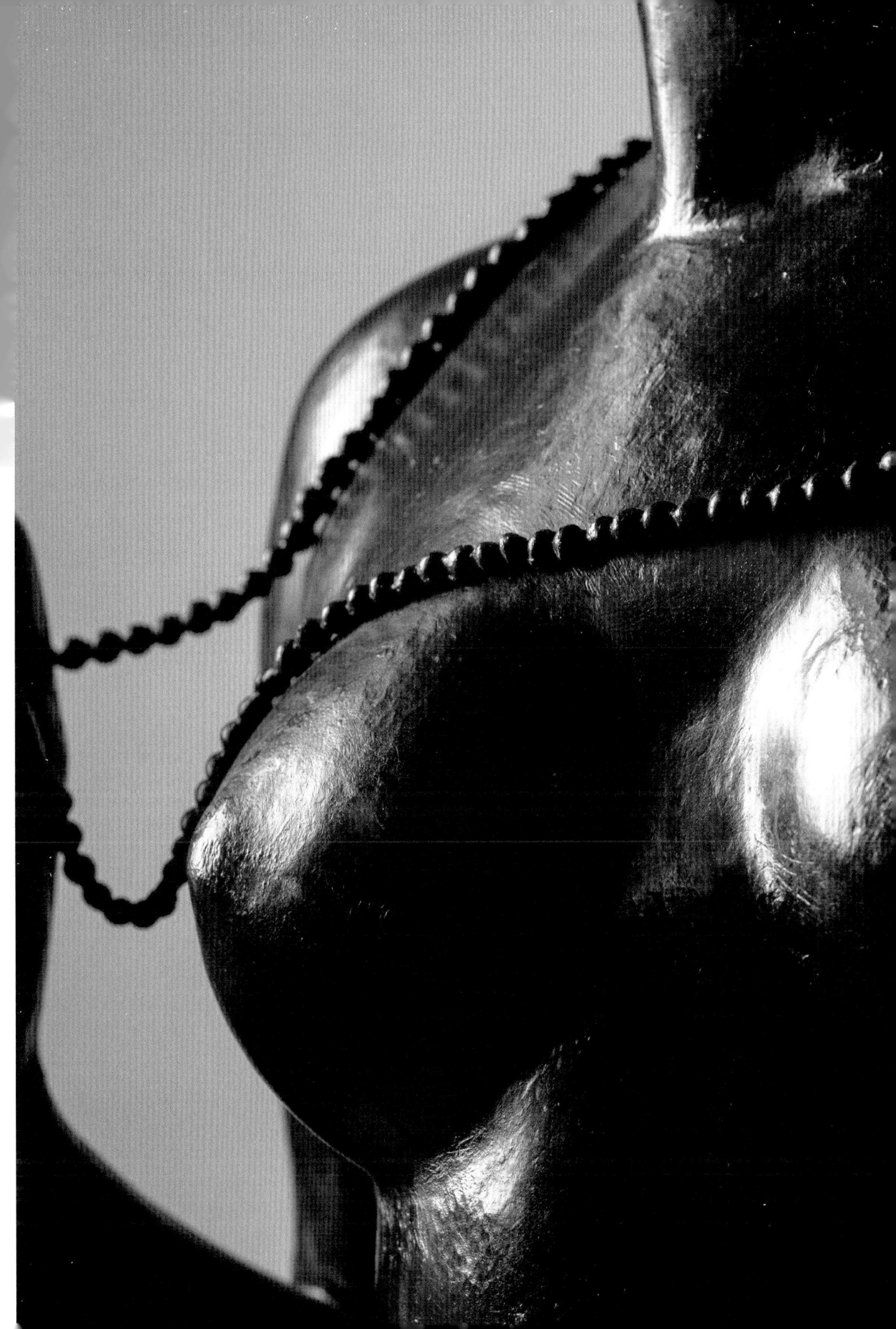

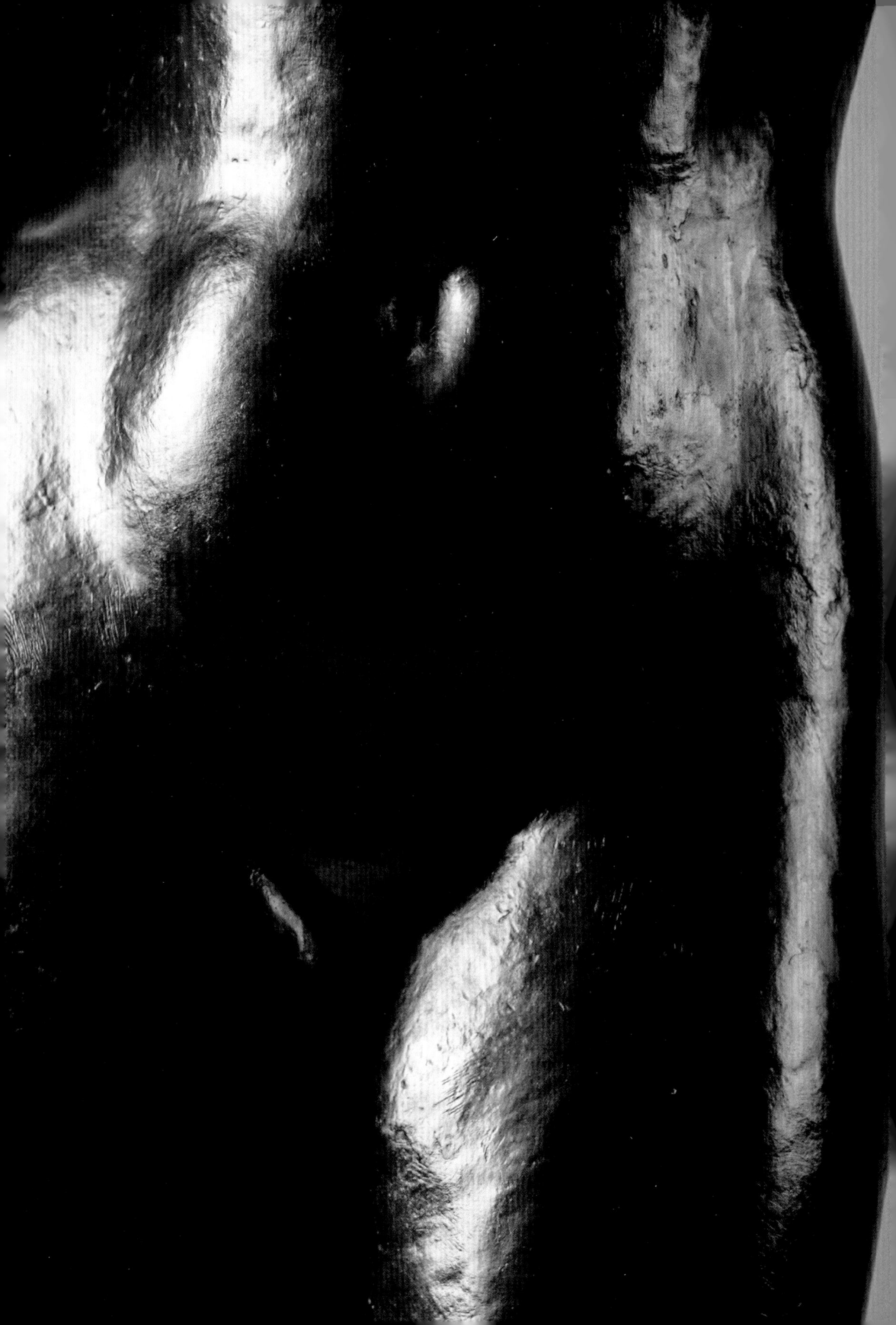

Judith Bernstein: BIRTH OF THE UNIVERSE #2, GEBURT DES UNIVERSUMS #2, 2013

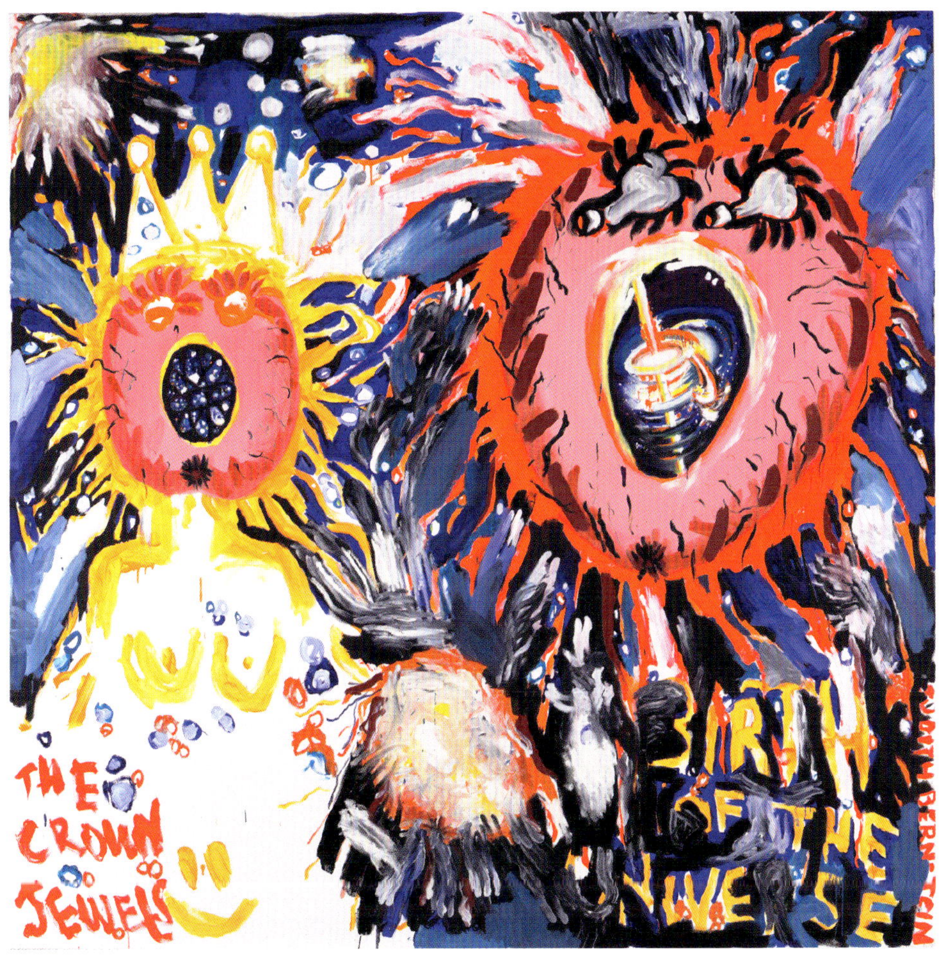

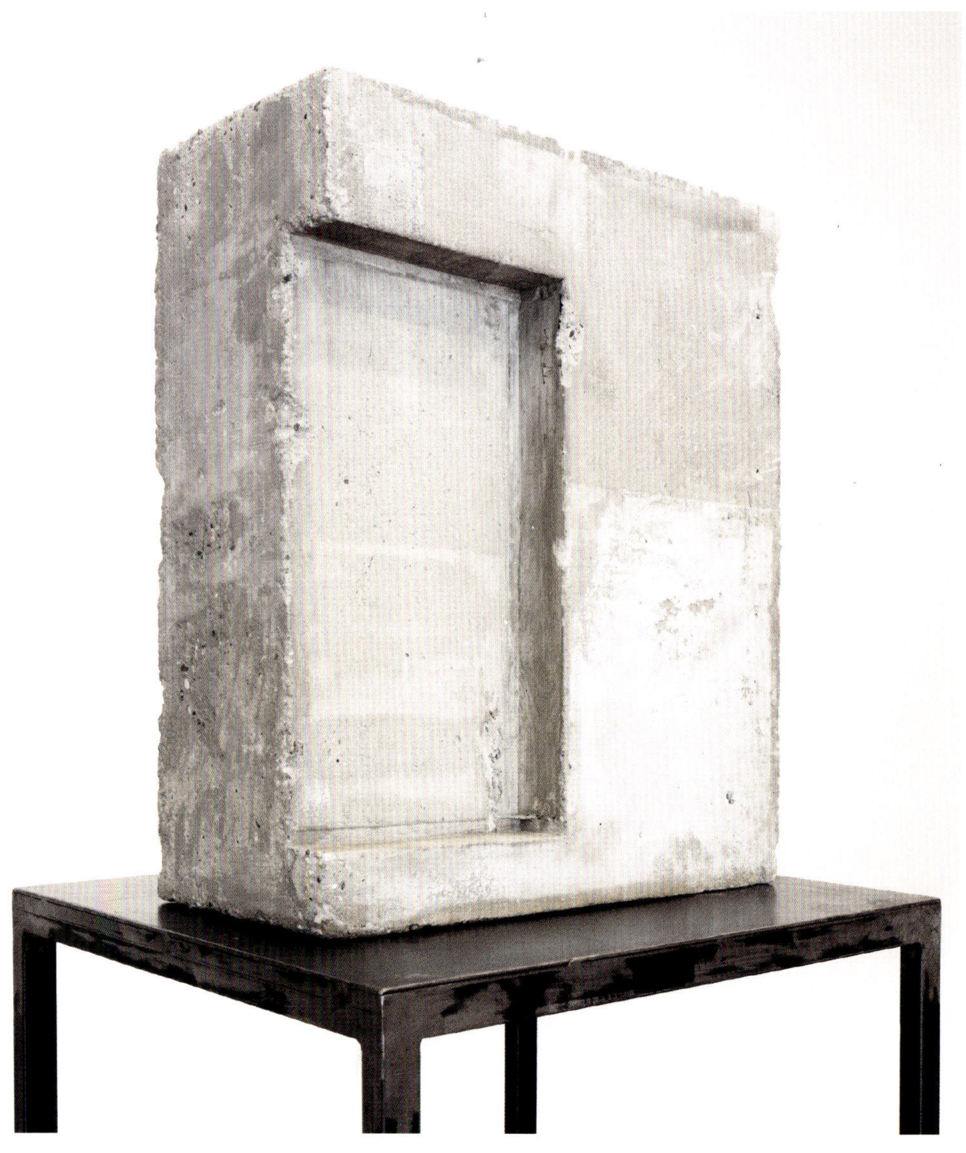

Isa Genzken: TV, 1986

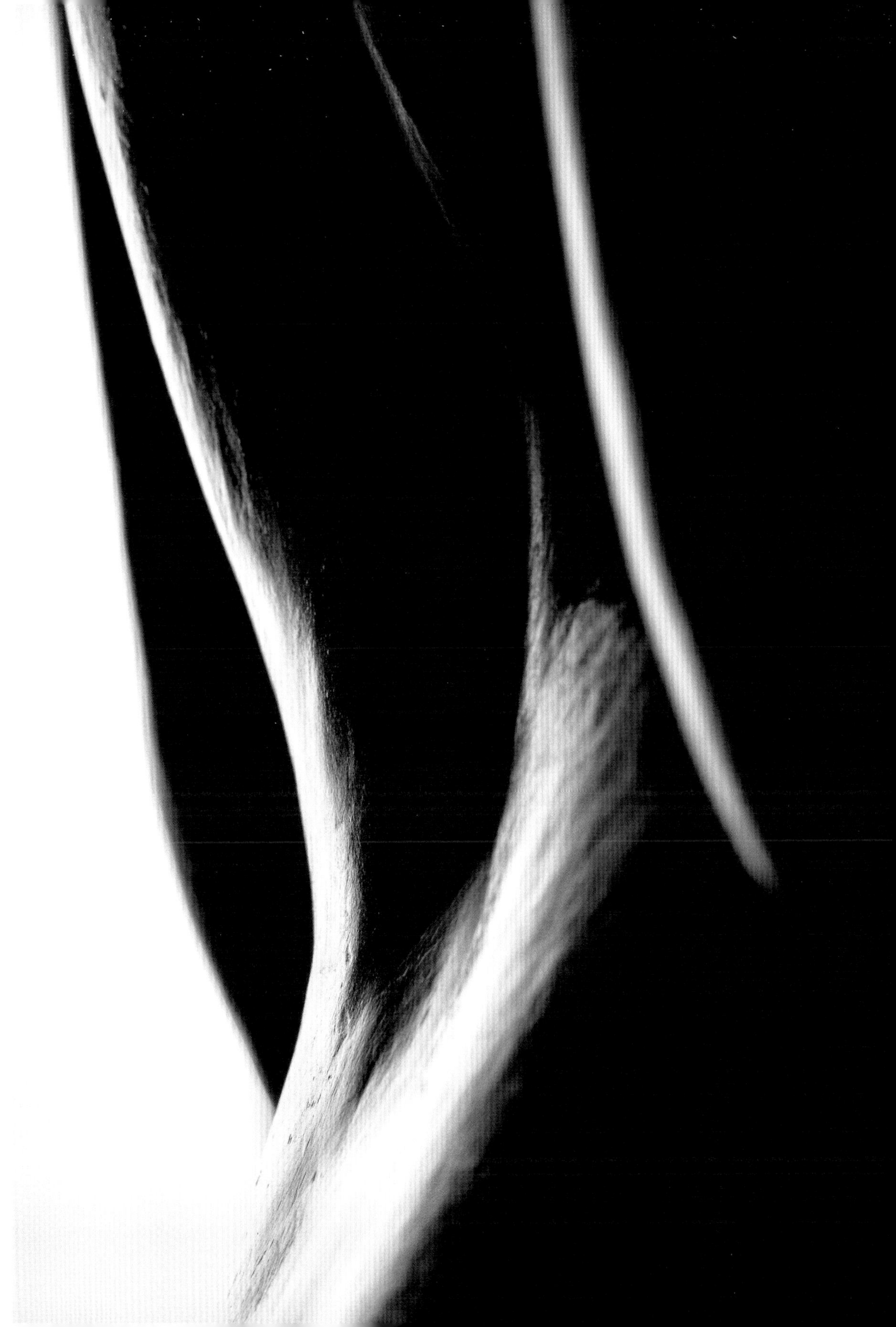

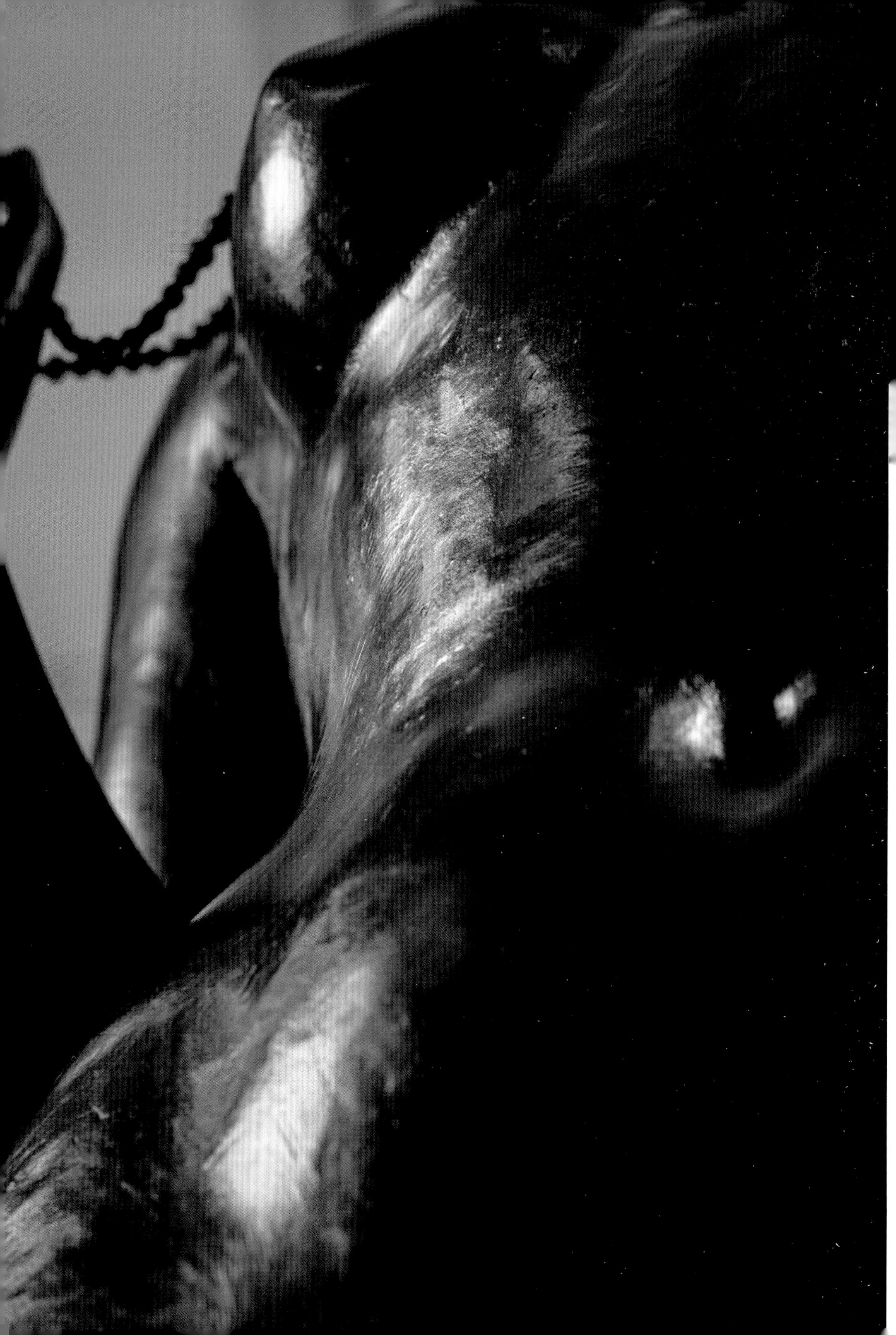

Nathalie Djurberg: Turn into Me, Werde zu mir, 2008

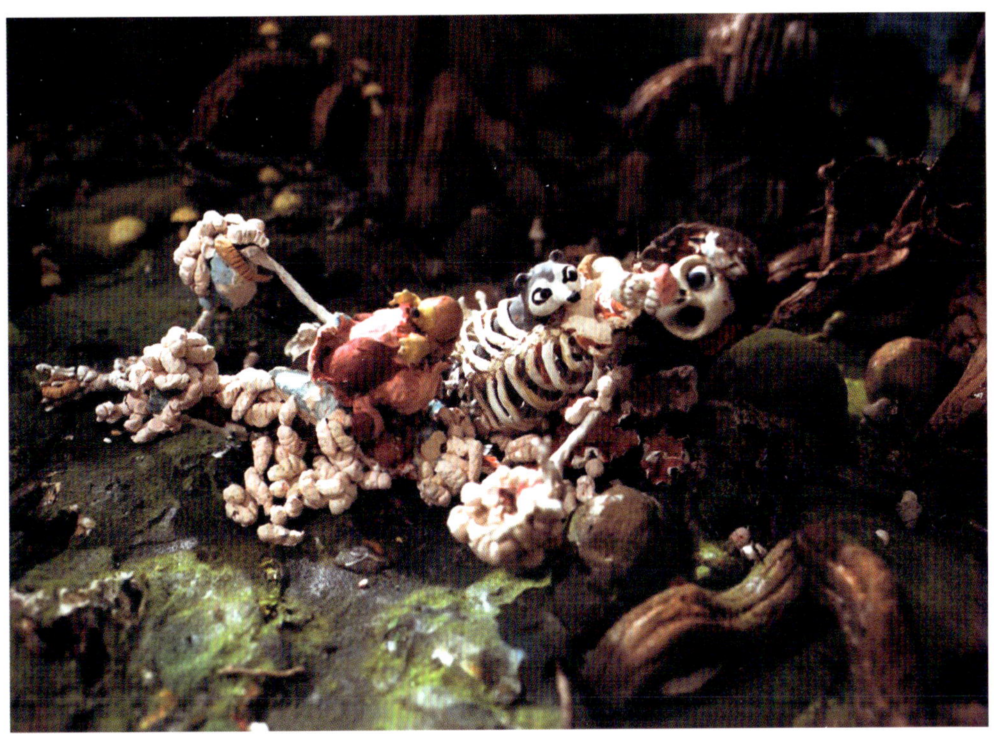

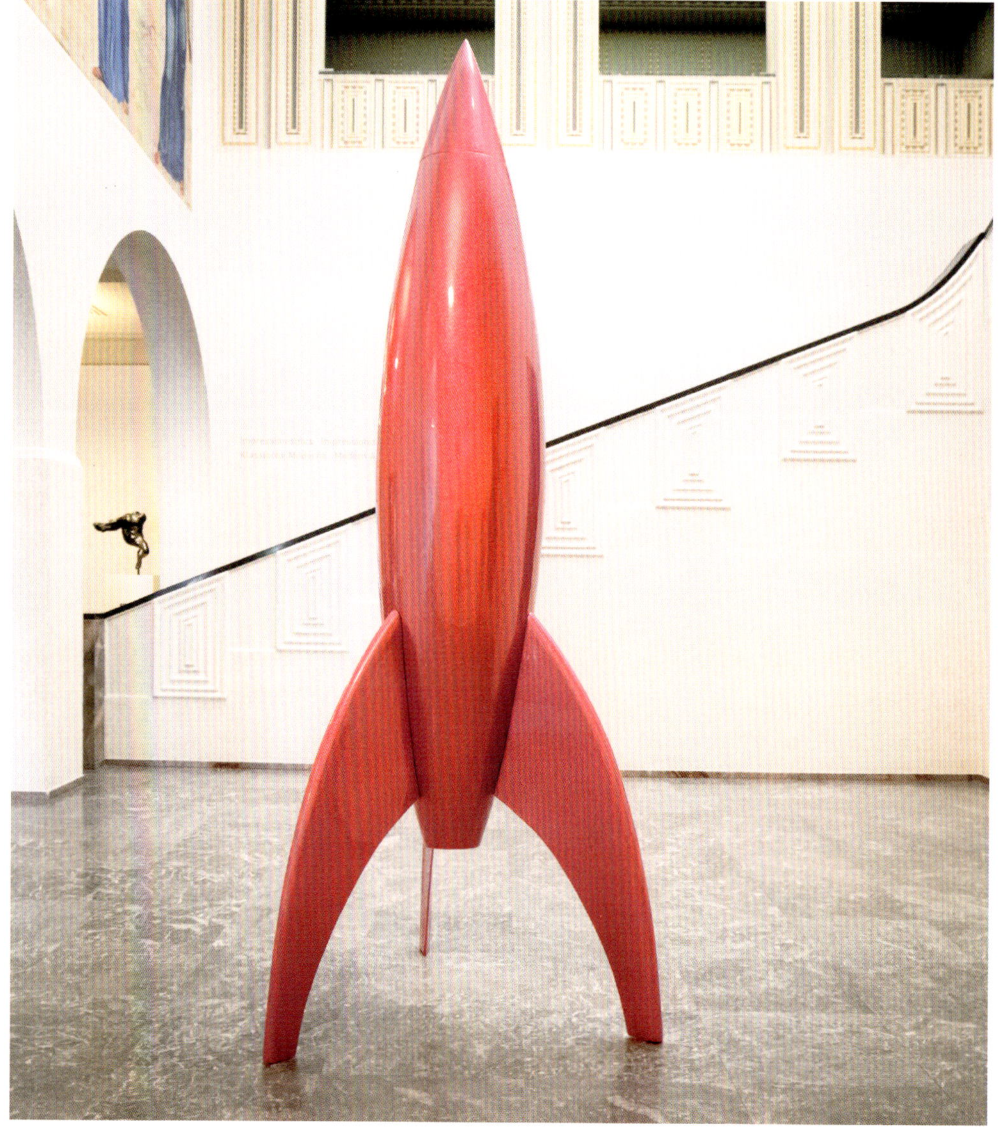

Sylvie Fleury: First Spaceship on Venus (Pink Champagne),
Erstes Raumschiff auf der Venus (Pink Champagner), 2021

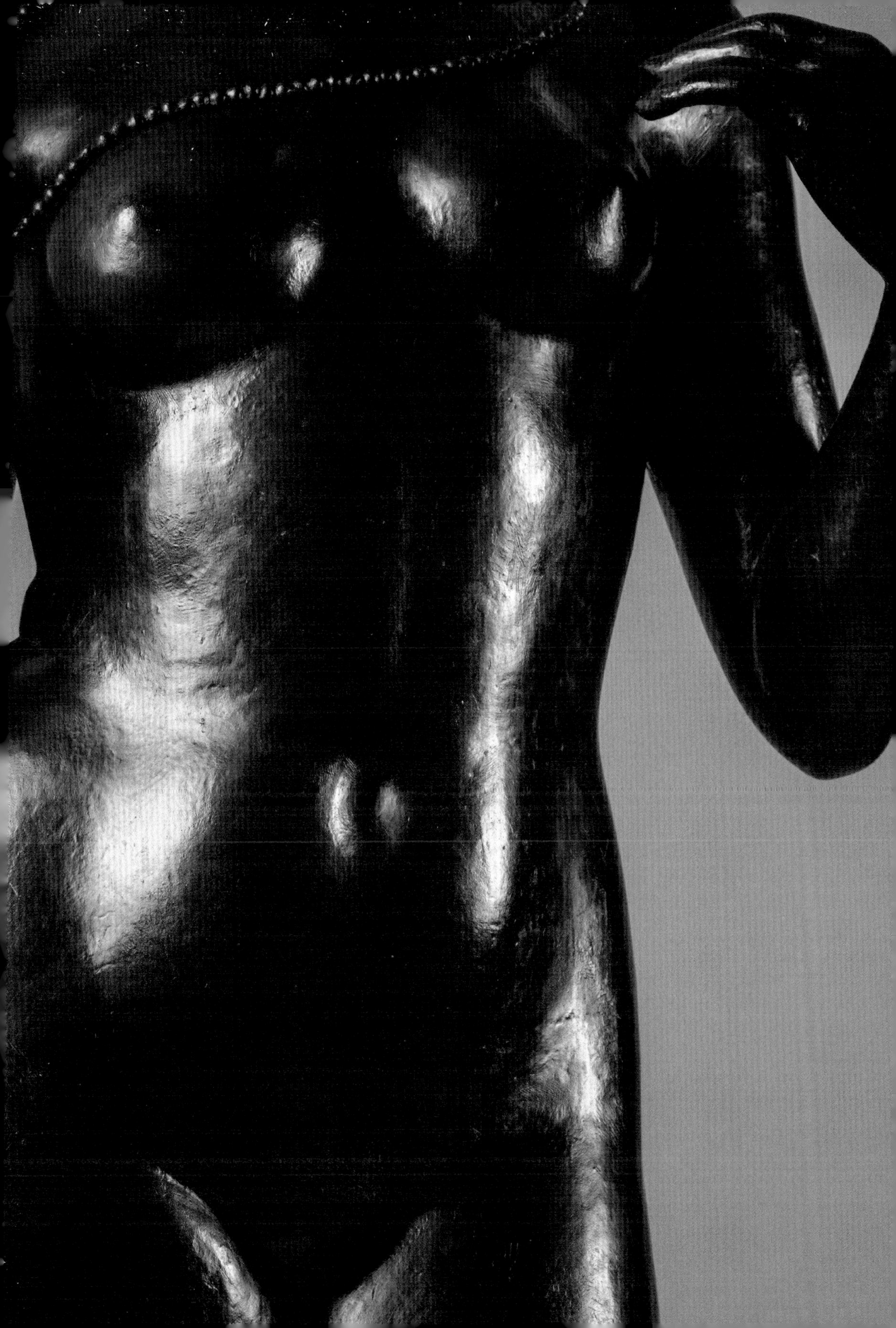

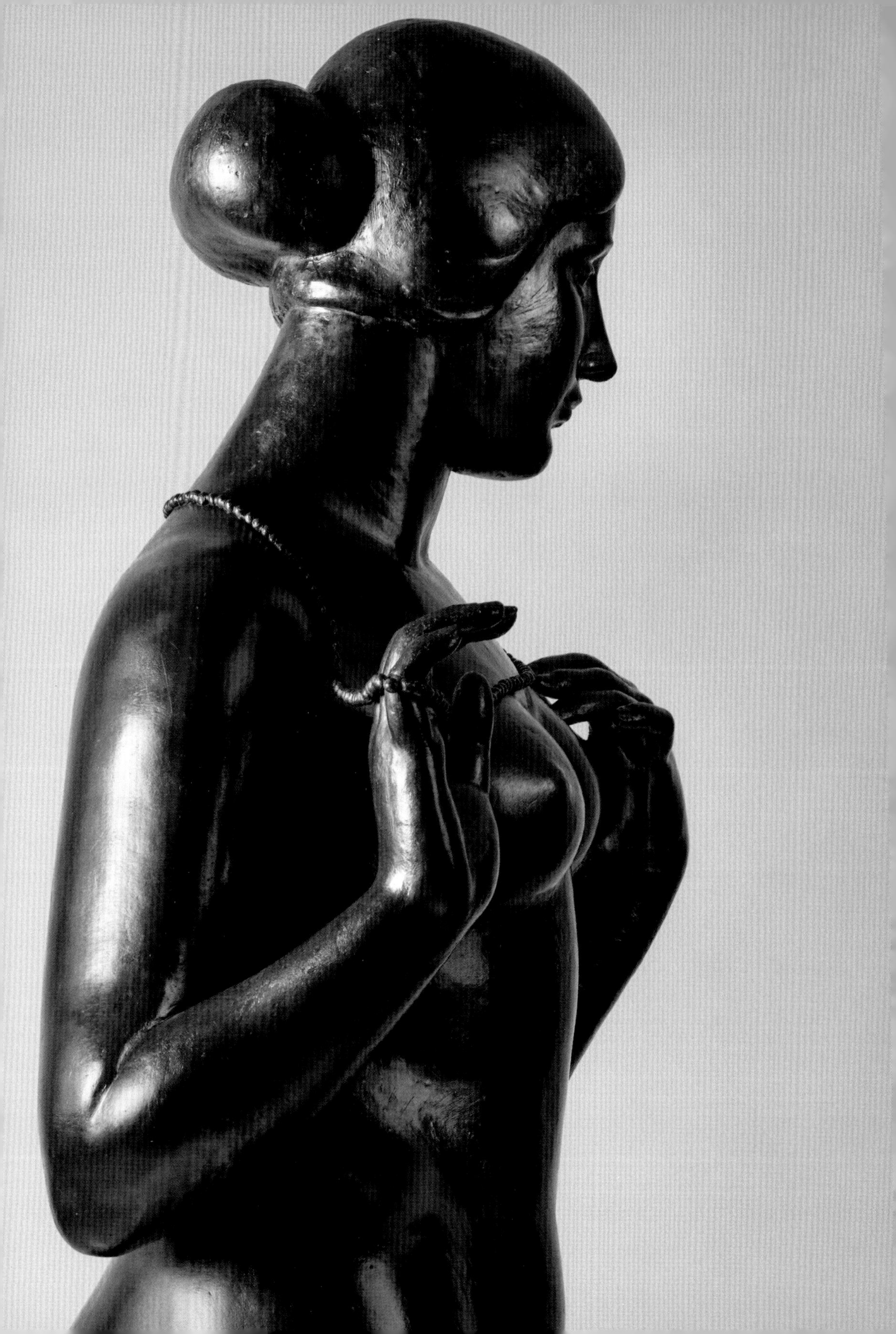

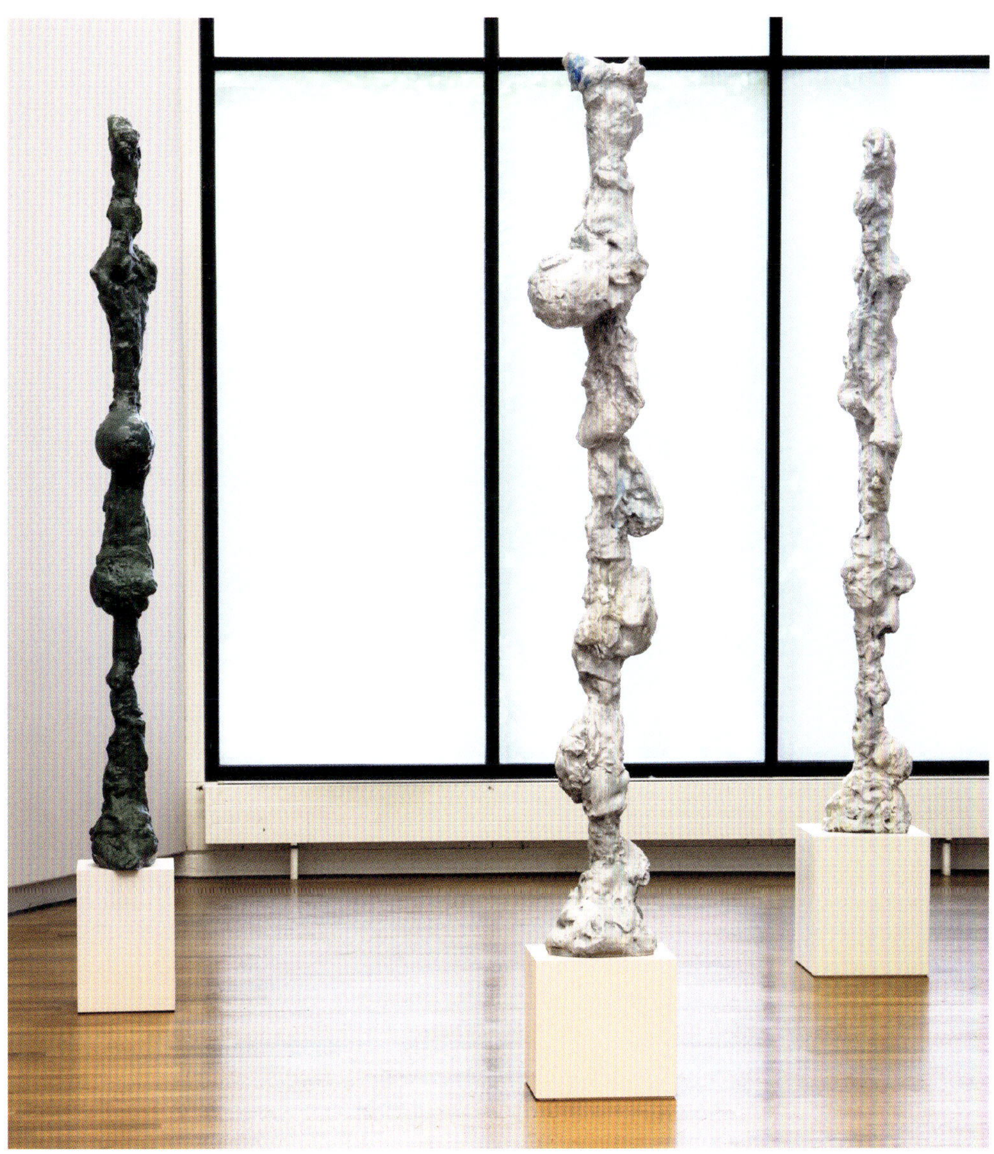

WERKE

AUTORINNEN

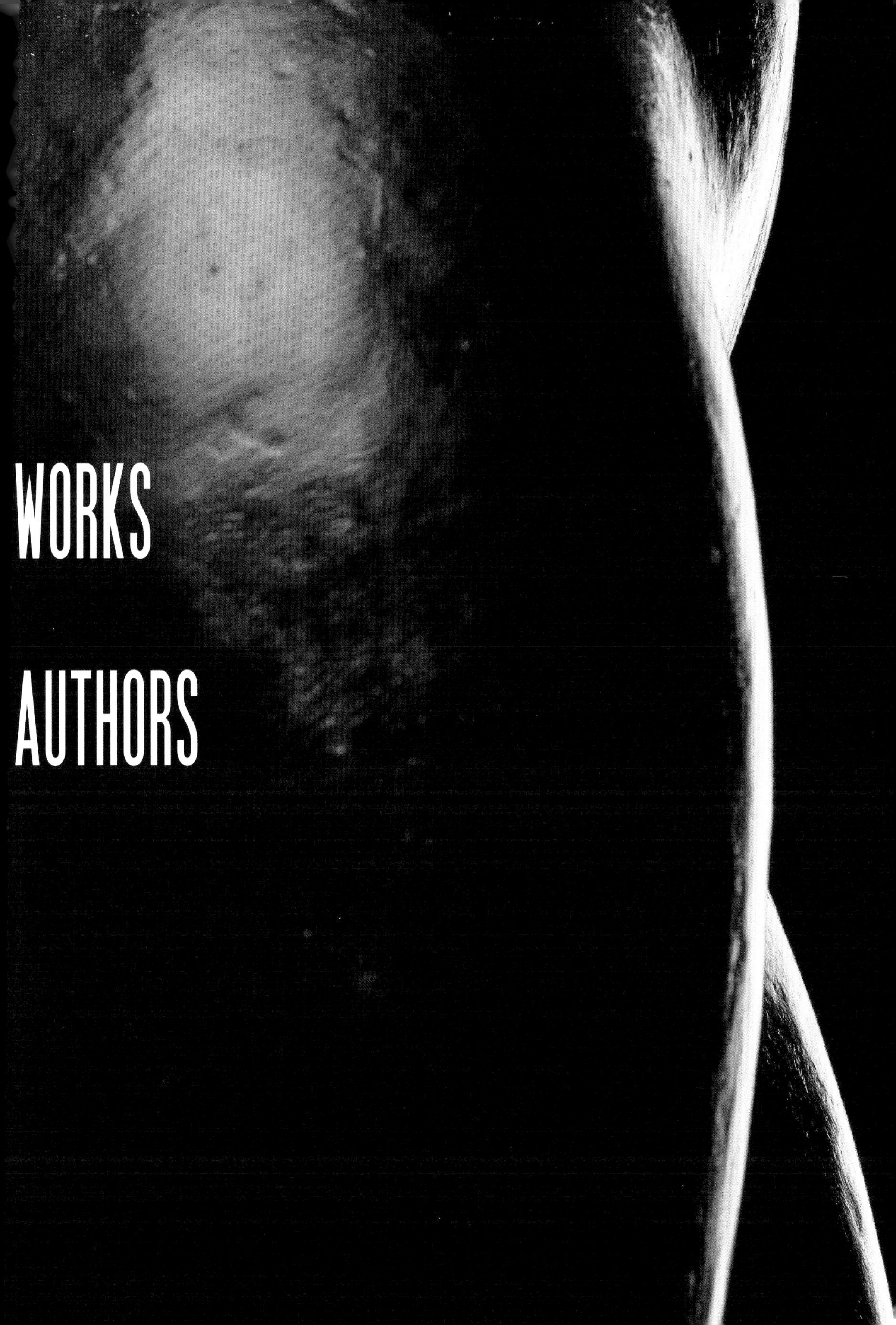
WORKS
AUTHORS

Aristide Maillol
Vénus au collier / Venus mit Halskette
Venus with a Necklace
1928
Bronze (Guss spätestens, cast at the latest 1931)
175 × 62 × 44 cm
Kunsthaus Zürich, Vereinigung Zürcher Kunstfreunde, 1931

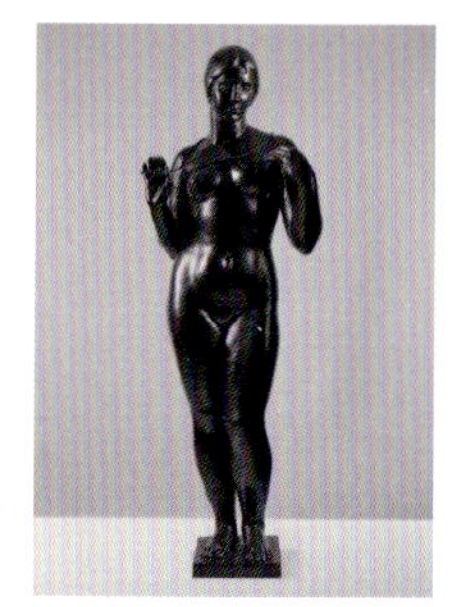

Anna Boghiguian
Ohne Titel
Untitled
2018
Tempera, Acryl und Grafit auf Stoff
Tempera, acrylic and graphite on fabric
1071 × 694 × 2,5 cm
Kunsthaus Zürich, 2018

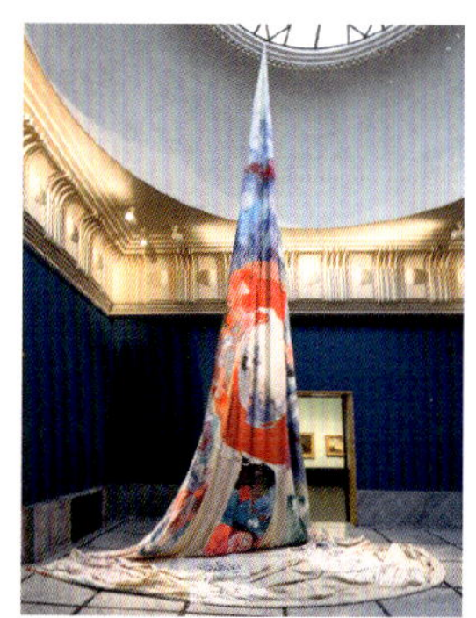

Ottilie Wilhelmine Roederstein
Selbstbildnis mit Pinseln
Self-Portrait with Brushes
1917
Öl auf Leinwand
Oil on canvas
48 × 39 cm
Kunsthaus Zürich, Vereinigung Zürcher Kunstfreunde, 1917

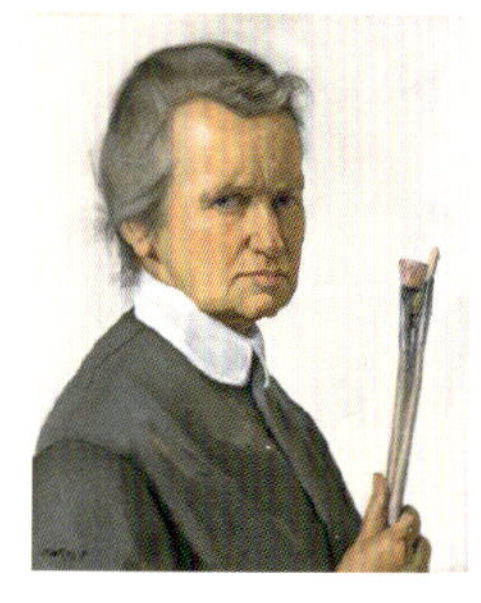

Ottilie Wilhelmine Roederstein
Frauenakt vor Landschaft
Nude Woman in Front of a Landscape
1897
Tempera auf Holz
Tempera on panel
47,5 × 24,5 cm
Kunsthaus Zürich, Vermächtnis Frl. Dr. Clara Tobler,
Bequest of Ms. Dr. Clara Tobler, 1944

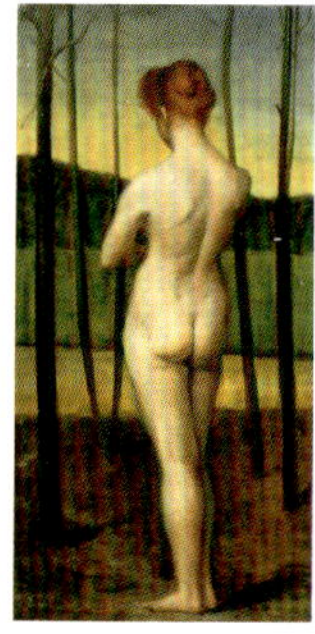

Sophie Taeuber-Arp
Triptyque. Composition verticale-horizontale à triangles réciproques / Triptychon. Vertikal-horizontale Komposition mit gegenseitigen Dreiecken
Triptych. Vertical-Horizontal Composition with Reciprocal Triangle
um, ca. 1918
Öl und Gold auf Leinwand, auf Karton aufgezogen
Oil and metallic paint on canvas, mounted on cardboard
drei Teile à je, three parts each 112 × 52,5 cm
Kunsthaus Zürich, Geschenk Hans Arp, Donated by Hans Arp, 1958

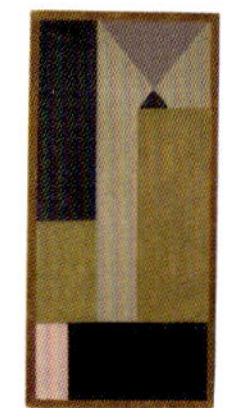
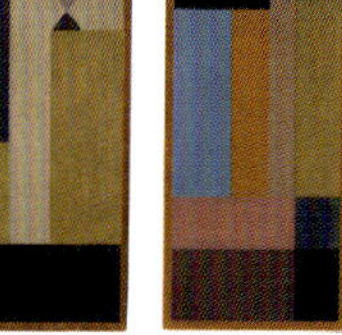
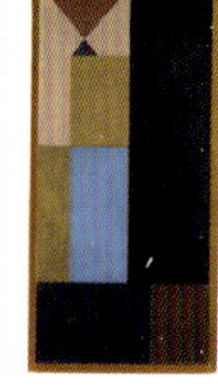

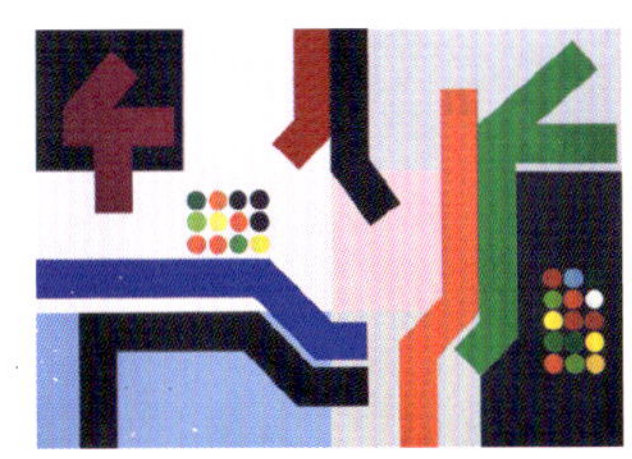

Sophie Taeuber-Arp
Douze espaces à plans, bandes angulaires et pavés de cercles/ Zwölf Räume mit Flächen, eckigen Bändern und mit Kreisen gepflastert
Twelve Spaces with Planes, Angular Bands, and Paved with Circles
1939
Öl auf Leinwand
Oil on canvas
80,5 × 116 cm
Kunsthaus Zürich, Geschenk Hans Arp, Donated by Hans Arp, 1958

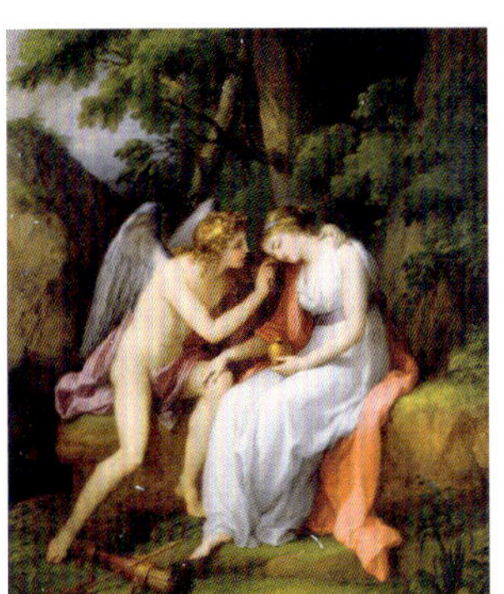

Angelika Kauffmann
Amor und Psyche
Cupid and Psyche
1792
Öl auf Leinwand
Oil on canvas
215,5 × 164,5 cm
Kunsthaus Zürich, Geschenk der Jacobs Suchard AG Zürich, Donated by the Jacobs Suchard AG Zürich, 1987

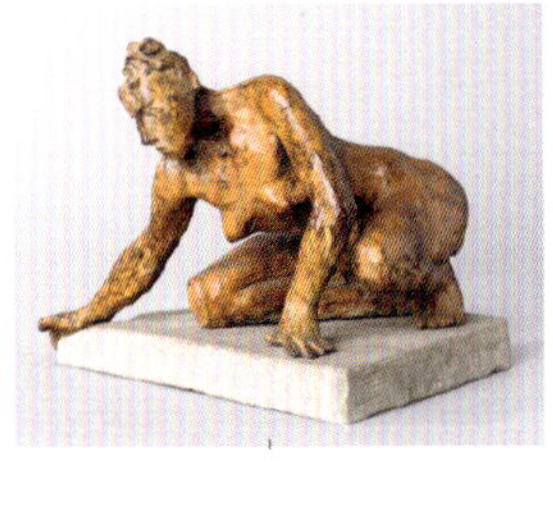

Germaine Richier
Le Crapaud/Die Kröte
The Toad
1942
Bronze, 20 × 29 × 25 cm
Kunsthaus Zürich, Geschenk Hulda Zumsteg durch ihren Sohn Gustav Zumsteg, Donated by Hulda Zumsteg through her son Gustav Zumsteg, 1946

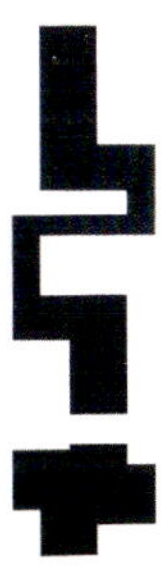

Verena Loewensberg
Ohne Titel
Untitled
1948
Öl auf Leinwand
Oil on canvas
72 × 28 cm
Kunsthaus Zürich, Geschenk Erna und Curt Burgauer, Donated by Erna and Curt Burgauer, 1979

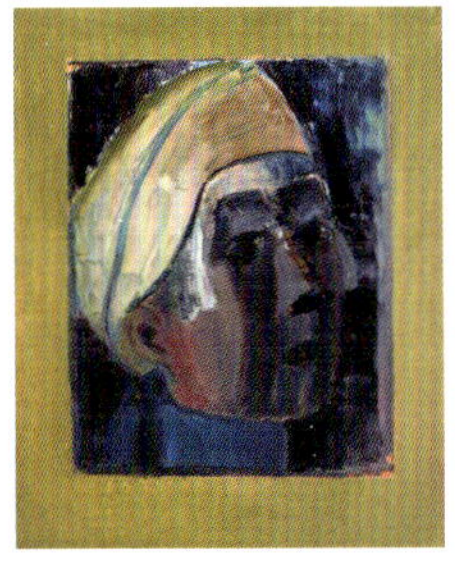

Helen Dahm
Selbstbildnis
Self-Portrait
1953
Öl auf Leinwand
Oil on canvas
72 × 59 cm
Kunsthaus Zürich, Geschenk der Künstlerin, Donated by the artist, 1956

Meret Oppenheim
Fleur masquée/Maskierte Blume
Masked Flower
1958
Lindenholz, mit Gouache weiss gefasst, in Wurzelstock
Lime wood, painted white, in rootstock
108 × 54 × 40 cm
Kunsthaus Zürich, 1973

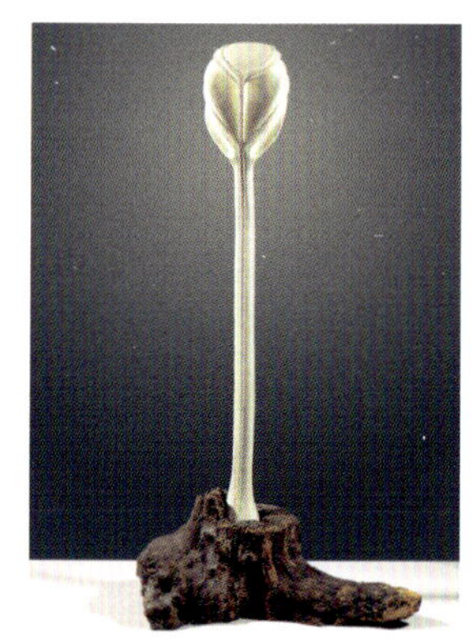

Jenny Holzer
Selections from Truisms
Auswahl von Binsenwahrheiten
1984
Leuchtschriftkasten
Neon sign box
14 × 77,5 × 13 cm
Kunsthaus Zürich, Vereinigung Zürcher Kunstfreunde, Gruppe Junge Kunst, 1985

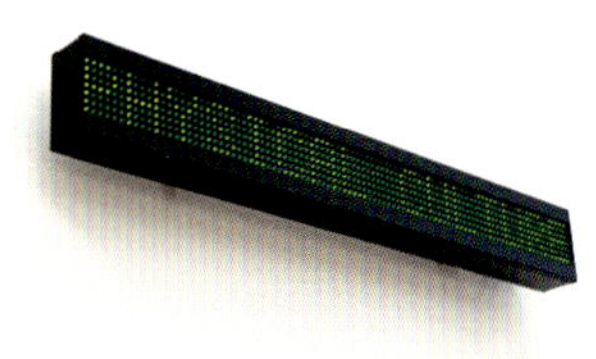

Isa Genzken
TV
1986
Beton auf Stahlsäulenplatte
Concrete on steel column plate
197 × 58 × 49 cm
Kunsthaus Zürich, 2013

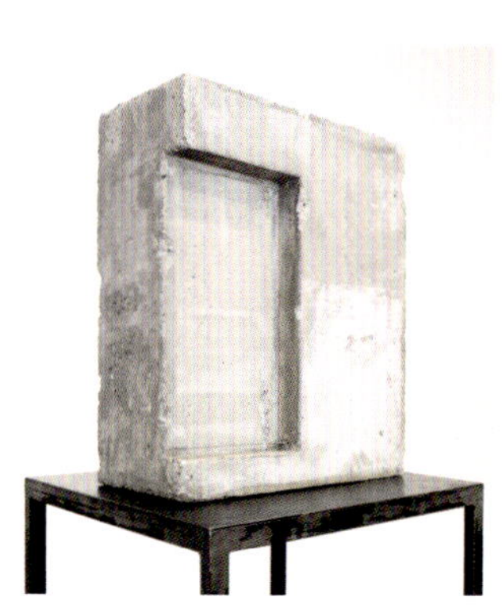

Sylvie Fleury
283 Chevy
1999
Verchromte Bronze
Chromed bronze
71 × 45 × 70 cm
Kunsthaus Zürich, Leihgabe der Künstlerin und Karma International, Zürich
On loan by the artist and Karma International, Zurich

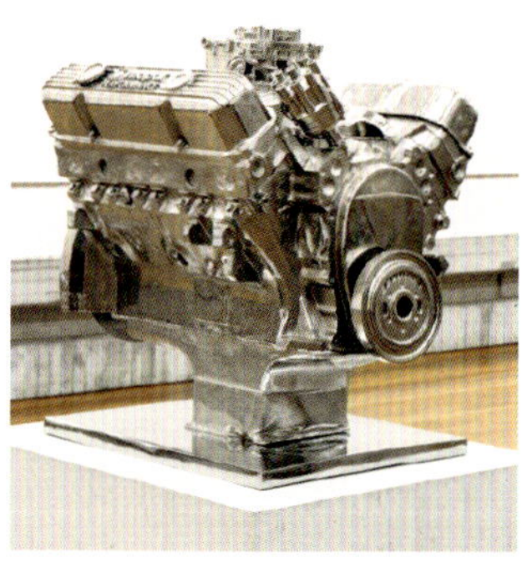

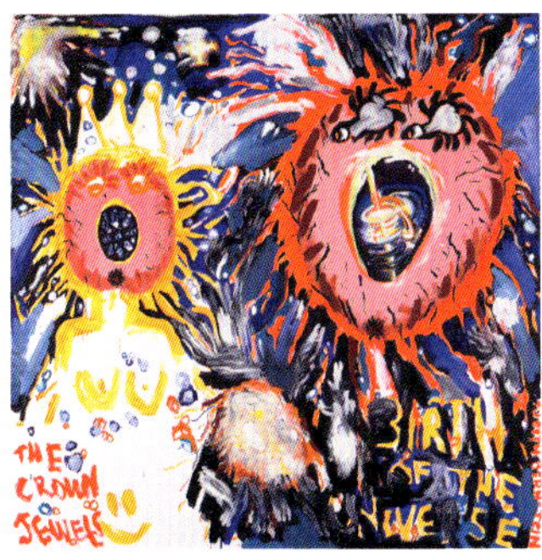

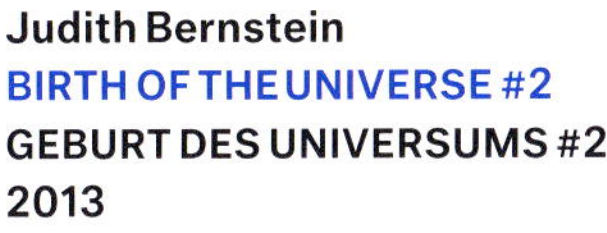

Judith Bernstein
BIRTH OF THE UNIVERSE #2
GEBURT DES UNIVERSUMS #2
2013
Öl auf Leinwand
Oil on canvas
240 × 242 cm
Kunsthaus Zürich, 2020

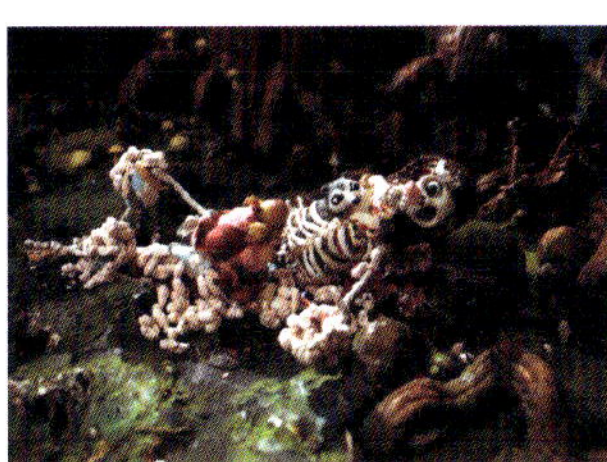

Nathalie Djurberg, Künstlerin / artist
Gió Marconi, Produzent / producer
Hans Berg, Musik / music
Turn into Me
Werde zu mir
2008
1-Kanal-Video, Farbe, Stereo;
erworben als DVD und Digital Betacam, PAL, 4:3
Single-channel video, colour, stereo;
acquired as DVD and DBC, PAL, 4:3
Dauer, duration 7‘ 10“
Kunsthaus Zürich, Videosammlung, Video collection, 2008

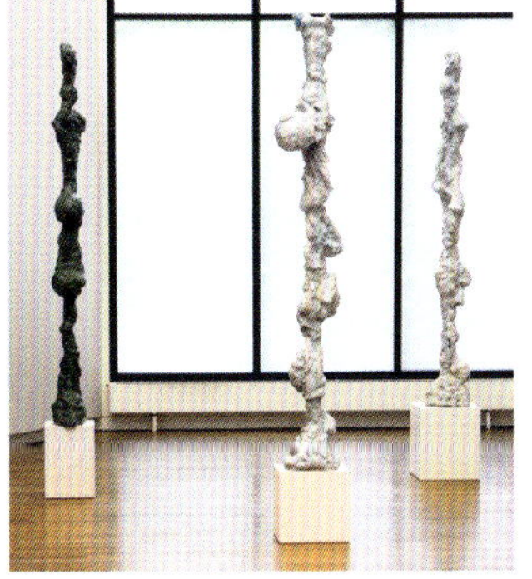

Rebecca Warren
BB / La Monte / August
2012
Handbemalte Bronze auf bemaltem Sockel
Hand-painted bronze on painted plinth
211 × 25 × 25 cm / 218 × 34 × 24 cm / 219 × 27 × 26 cm
Kunsthaus Zürich, Dauerleihgabe der Walter A. Bechtler-Stiftung,
Permanent loan of the Walter A. Bechtler Foundation, 2013

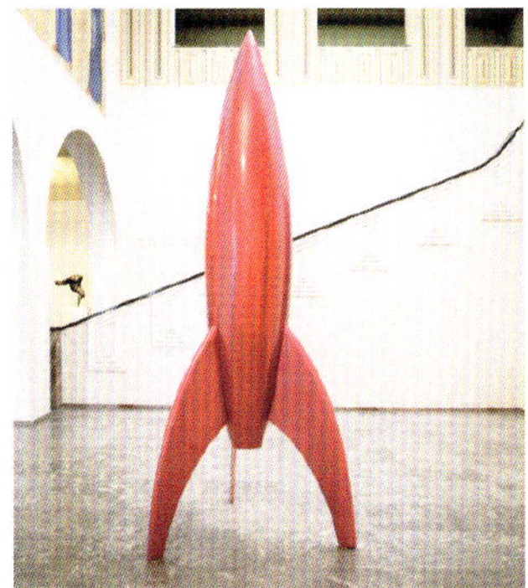

Sylvie Fleury
First Spaceship on Venus (Pink Champagne)
Erstes Raumschiff auf der Venus (Pink Champagner)
2021
Glasfaser, Lackfarbe mit Glitzer
Fibreglass, paint with glitter
340 × 120 × 120 cm
Kunsthaus Zürich, Vereinigung Zürcher Kunstfreunde, 2021

Franca Candrian ist Fotografin und absolvierte ihre Ausbildung im Medienhaus Ringier. Sie war unter anderem an einem Digitalisierungsprojekt der Kunstsammlung Ringier mitbeteiligt. 2004 erhielt sie ein Atelierstipendium der Visarte Graubünden in Paris. 2006 gründete sie zusammen mit Dean Jaggi die Firma Luxwerk – Fotografie und Bildbearbeitung in Zürich. Gleichzeitig studierte sie an der Hochschule Luzern im Studiengang CAS/MAS Art in Public Spheres mit Abschluss 2007. Seit 2018 ist sie am Kunsthaus Zürich für Fotografie, Bildarchiv und Bildrechte zuständig.

Catherine McCormack ist Autorin, freischaffende Kuratorin und Dozentin am Sotheby's Institute of Art sowie an der University of Oxford. 2019/20 kuratierte sie die gefeierte zweiteilige Ausstellung *Matrescence and Maternality* in der Richard Saltoun Gallery in London. Ihr neustes Buch *Women in the Picture: Women, Art and the Power of Looking* wurde 2021 bei W.W. Norton und Icon Books publiziert. 2022 kuratiert sie mit Unit London das Programm *Exploring Radical Female Joy*.

Franca Candrian is a photographer trained at the Ringier media group. While there, she collaborated on a digitisation project for the Ringier art collection, among other things. In 2004, she received a studio scholarship from Visarte Graubünden in Paris. Together with Dean Jaggi, she founded the Zurich-based Luxwerk company for photography and image editing in 2006, at the same time as studying for a CAS/MAS Art in Public Spheres degree at the Lucerne University of Applied Sciences and Arts, from which she graduated in 2007. Candrian has been responsible for photography as well as the image archive and image rights at the Kunsthaus Zürich since 2018.

Catherine McCormack is a writer, independent curator and lecturer at Sotheby's Institute of Art and the University of Oxford. In 2019/20 she curated the acclaimed two-part exhibition *Matrescence and Maternality* at the Richard Saltoun Gallery in London. Her latest book, *Women in the Picture: Women, Art and the Power of Looking,* was published in 2021 by W. W. Norton and Icon Books. In 2022 she is curating the *Exploring Radical Female Joy* programme with Unit London.